STADTFÜHRER FREIBERG

Der Verlag bedankt sich
bei Werner Lauterbach und Gunther Galinsky
für die zuverlässige und unkomplizierte
Zusammenarbeit

© by STADT-BILD-VERLAG LEIPZIG 2009
Alle Rechte beim Verlag.
Satz, Lithos, Druck und Binden:
Leipziger Medienservice
Gerichtsweg 28 · 04103 Leipzig
Ruf: 0341-2210229 · Fax: 0341-2210226
E-mail: stadtbild@t-online.de · www.stadt-bild.de
ISBN 978-3-942146-04-3

Werner Lauterbach

STADTFÜHRER FREIBERG

MIT STADTPLAN
FOTOS VON GUNTHER GALINSKY

Sehenswürdiges, Wissenswertes, Unterhaltsames
zur historischen Altstadt von Freiberg

Neufassung 2009

STADT-BILD-VERLAG LEIPZIG

Freiberg im Luftbild

1. *Kreuzteiche*
2. *Schloss Freudenstein mit „terra mineralia"*
3. *Obermarkt*
4. *Oberbergamt*
5. *Dom St. Marien*
6. *A. G. Werner Bau*
7. *Franziskanerkloster, Stadtmauer*
8. *Untermarkt*
9. *Petersstraße*
10. *Kirche St. Petri*
11. *Kornhaus*
12. *Rathaus*
13. *Erbische Straße, Burgstraße*
14. *Stadttheater*
15. *Hauptpost*
16. *Kirche St. Nikolai*

INHALT

Willkommen in der Universitäts- und Bergstadt Freiberg	7
Unterwegs in den Straßen um den Obermarkt	9
Vom Platz der Oktoberopfer zum Schlossplatz	33
Die Technische Universität Bergakademie Freiberg	49
Der Dom St. Marien und das Viertel um den Untermarkt	55
Der Buttermarkt	71
Im einstigen Christiansdorf	74
Vor den Toren der Altstadt	78
Erinnerungen an den historischen Bergbau	81
Ausflüge zu technischen Denkmalen	89
Bergmannstraditionen	91
Forschung für die Zukunft	93
Allgemeines	95
Die Geschichte Freibergs in Stichworten	97
Stichwortverzeichnis	103

Aus Sage und Geschichte

Markgraf Otto der Reiche	10
Der Prinzenräuber Kunz von Kaufungen	13
Jonas Schönlebe	14
Napoleon in Freiberg	15
Andreas Möller	16
Freiberger Bauerhase und Freiberger Eierschecke	20
Alexander von Humboldt	22
Peter Schmohl	25
Die Freimaurerloge	29
Acht Jahrhunderte „Freybergisch Bier"	29
Michael W. Lomonossow	31
Wilhelm August Lampadius	32
Der Blutsamstag 1923	33
Friedrich Freiherr von Hardenberg–Novalis	37
Peter I. zu Gast in Freiberg	41
terra mineralia	41
Gottfried Silbermann	43
Der Stadtbrand von 1484	46
Abraham Gottlob Werner	52
Clemens Winkler	53
Die Sage um die Tulpenkanzel	59
Organist Arthur Eger	62
Theodor Körner	64
Goethe in Freiberg	66
Der erste Silberfund	74
Bergleute bezahlen den Bau des Donatsturms	77
Die drei Kreuze bei Freiberg	82
Der Berggeist am Donat	85

Bergparade zum Berggottesdienst im Dom

WILLKOMMEN IN DER BERG- UND UNIVERSITÄTS-STADT FREIBERG

Ein Spaziergang durch die Gassen und Straßen des historischen Freiberger Stadtkerns gleicht dem Blättern in einem Geschichtsbuch. In Freiberg wurde sächsische, deutsche und internationale Kultur- und Wissenschaftsgeschichte geschrieben.

Noch heute erfreuen wir uns an den Schöpfungen der Meister der Bauhütten der Spätgotik und der Romanik. Ihre Werke haben die Zeiten überdauert. Einmalig kündet die Goldene Pforte vom Glauben und Können eines hier wirksam gewordenen Baumeisters und wir bewundern die filigrane Arbeit der Tulpenkanzel. Im Dom von St. Marien werden Harmonie des Baustils mit dem das Kirchenschiff füllenden Klang der Silbermannorgel zum unvergesslichen Erlebnis.

Bergbau und Hüttenwesen haben in über acht Jahrhunderten das Antlitz der Stadt und ihrer Umgebung geprägt. Freiberger Silber verhalf den Wettinern in Dresden zu Ansehen und kulturellem Reichtum des Landes. Die Tradition der 1765 gegründeten ersten Bergakademie der Welt ist von großer Bedeutung. Mit der Erhebung der Bergakademie Freiberg in den Status einer Technischen Universität wurden die wissenschaftlichen und technischen Leistungen ihrer Professoren anerkannt. Freiberg wurde durch Abraham Gottlob Werner zur Geburtsstätte der Geowissenschaften! Hier füllten die Professoren Ferdinand Reich, Hieronymus Theodor Richter und Clemens Winkler mit der Entdeckung der Elemente Indium und Germanium damalige Leerstellen im Periodischen System der Elemente aus. Freiberger Wissenschaftler erarbeiteten neue Technologien in ihren Fachbereichen und schufen neue Wissenschaftszweige.

Erleben Sie die Schönheit unserer Landschaft am Fuße des Osterzgebirges, den kulturellen Reichtum der Stadt und die vom Fleiß unserer Vorfahren geschaffenen und bis heute bewahrten technischen Denkmale in ihrer Vielfalt und Wirksamkeit.

Der alte Bergmannsgruß Glückauf beinhaltete den Wunsch des Bergmanns, das Glück solle ihm die Pforten zu den Erzgängen öffnen und ihn an reicher Ausbeute fündig werden lassen. So wünschen auch wir Ihnen, dass Sie fündig werden an Erlebnissen und Eindrücken in unserer über acht Jahrhunderte zählenden Berghauptstadt des Erzgebirges.

Kirchgasse und Dom St. Marien

UNTERWEGS IN DEN STRASSEN UM DEN OBERMARKT

Beginnen wir unseren Spaziergang durch Freiberg auf dem Obermarkt, dem politischen Zentrum der Stadt. Hier wurden als Gäste Kurfürsten, Könige, Kaiser, Kanzler und Ministerpräsidenten begrüßt, marschierten Bergparaden zu Festveranstaltungen auf, wehten Fahnen verschiedener Staatsformen der sächsischen und deutschen Geschichte zu politischen Kundgebungen und demonstrierten auch Freiberger Bürger im Herbst 1989 für eine Veränderung der damaligen politischen Verhältnisse.

Der Obermarkt gehört mit zu den schönsten Plätzen in unseren deutschen Landen. Er weist geschlossene Fronten von drei- und viergeschossigen Bürgerhäusern aus dem 15. bis 16. Jahrhundert auf, die nach dem großen Stadtbrand von 1484 errichtet wurden. Die teilweise überhöhten Satteldächer verleihen ihm sein charakteristisches Aussehen. Auf den mehrfachen Bodenetagen könnten die Kaufleute ihre Waren gelagert haben. Ausdruck ihres Wohlstandes sind die Fassaden und Rundbogenportale ihrer Häuser. Das Rathaus, der Ratskeller, die Apotheke ordnen sich ein in das Ensemble der ältesten Bürgerhäuser der Stadt.

Topfmarkt am Obermarkt

Der Obermarkt entstand mit der Herausbildung der Oberstadt ab Mitte der 80er Jahre des 12. Jahrhunderts. Durch dendrologische Untersuchungen aufgefundener Holzstraßenabschnitte in benachbarten Straßenabschnitten konnten neue Datierungen zur Besiedlung am Obermarkt vorgenommen werden. Als Gründungsakt der Stadt kann der Zusammenschluss der damaligen Wohnsiedlungen, also der aus Christiansdorf hervorgegangenen Sächsstadt, des Nikolaiviertels und des Burglehns mit der gewachsenen Oberstadt zu einer Verwaltungseinheit gesehen werden. Der in den ersten Jahrzehnten planmäßig entstandene Stadtgrundriss ist heute noch wesentlich erhalten und vermittelt dem Besucher den Eindruck einer mittelalterlichen Stadtanlage.

Bereits 1259 wird der Markt im Urkundenbuch der Stadt als „forum" genannt, dessen „Dünger der Markgraf dem Johannishospital" schenkt. Seine ursprüngliche Größe betrug 140 x 120 m und reichte bis zur Petrikirche. Nach dem Stadtbrand von 1484 rückte durch Neubau die ursprüngliche Häuserreihe gegenüber dem Rathaus etwa von der Fluchtlinie Korngasse-Nonnengasse auf die heutige Begrenzung der Häuserfront vor und verringerte die Größe auf 114 x 70 m.

Marktbrunnen und Denkmal Otto der Reiche

Schaut der Besucher über den Obermarkt, so fällt sein Blick auf das beeindruckende Brunnendenkmal. Wuchtig trohnt die Bronzestatue des Markgrafen von Meißen, Otto von Wettin, überlebensgroß in Ritterkleidung und Sturmhaube auf dem Brunnensockel. In der rechten Hand hält er in einer Rolle die fiktive Urkunde mit den städtischen Freiheiten, seine Linke greift zum Schwert, um das Geschaffene zu bewahren und zu verteidigen. Vier wasserspeiende Löwen mit je zwei alten Freiberger und Meißner Wappen zwischen den Vorderpfoten flankieren ihn und gestalten damit das Standbild zu einer harmonischen Einheit. Die Einweihung des von G. Gröne (Dresden) geschaffenen Denkmals erfolgte am 6.7.1897 in Anwesenheit von König Albert und Prinz Georg.

Markgraf Otto der Reiche am Brunnendenkmal

Generationen von Freiberger Studenten haben in der Vergangenheit nach nächtlichen Zechtouren mit einem unerlaubten Löwenritt die Polizei verschiedener politischer Systeme zur Verfolgung und Abstrafung herausgefordert.

Geschichte: Markgraf Otto der Reiche (zwischen 1116/19 - 1190)

In den ersten Jahren seiner Regierungszeit (1156-1190) rief Markgraf Otto siedlungswillige Bauernsöhne aus Franken, Thüringen und Niedersachsen in sein Land und ließ auf eigene Kosten im Urwald des Miriquidi „auf wilder Wurzel" Waldhufendörfer errichten. 1162 stiftete er das Zisterzienserkloster Cella Sanctae Mariae bei Nossen als Erbbegräbnisstätte für seine Familie. Kaiser Friedrich I. Barbarossa übereignete das gerodete Land an das Kloster Altzella. Es war mit 800 Hufen Land ausgestattet. Als 1168 oder zu Beginn des Jahres 1169 Silbererze am Osthang des Münzbachtales in Christiansdorf entdeckt wurden, erwarb der Markgraf vom Kaiser Friedrich I. Barbarossa das Bergregal, tauschte die silberführenden Fluren vom Kloster zurück und bot Bergleuten aus Goslar Wohnsitz und Arbeit „am freien Berg". Durch dieses „Berggeschrei" wurde der Silberfundort im Lande bekannt. Die reiche Silberausbeute brachte Markgraf Otto den Beinamen „der Reiche" ein, so nannten ihn die Altzeller Annalen im 14. Jahrhundert „princeps permaximus didatus" (also den Fürsten, der in außerordentlichem Maße reich wurde). Mit den aus dem Harz zugewanderten Sachsen entstand die Sächsstadt und das Viertel der Bergleute am Donatsturm. Dies war die Keimzelle der Stadt Freiberg. Unter Otto und seinen Nachfolgern vergrößerte sich die Siedlung. Der Bau einer Burg diente der militärischen Sicherung der Einkünfte des Landesherrn. Im Burglehn entstand die Marienkirche mit der Goldenen Pforte und der Triumphkreuzgruppe. Handwerker und Kaufleute siedelten sich in den engen Gassen um die Nikolaikirche an. Ottos Sohn Dietrich vergrößerte die Oberstadt weiterhin mit Markt und Petrikirche bereits um 1180. Ein heute noch vorhandenes Straßennetz bildete sich heraus. Eine feste Stadtmauer mit fünf Toren umgab die aufblühende Stadt. Mit der Bildung einer gemeinsamen Verwaltungseinheit aller Stadtviertel begann die Entwicklung zur größten und reichsten Stadt der Markgrafschaft Meißen.

Das Rathaus

Seit seinem Neubau in den Jahren 1410 bis 1416 nimmt das Rathaus im spätgotischen Stil nahezu die Hälfte einer Seite des Obermarktes ein. Es entstand auf den Grundmauern eines romanischen Vorbaues und wurde bei mehreren Stadtbränden schwer in Mitleidenschaft gezogen. Der Rathausturm, nach dem Brand von 1471 neu erbaut, hat seit 1618 seine heutige Höhe. Im Mittelalter trug er eine von Bürgermeister Ulrich Rülein von Calw konstruierte Sonnenuhr.

In der Mitte des 19. Jahrhunderts wurde das Ziegeldach des Rathauses um 8 Meter abgeflacht. Der letzte Umbau erfolgte 1919. Seit der 800-Jahr-Feier im Jahre 1986 spielt täglich um 11.15 und 16.15 Uhr ein Glockenspiel aus Meißner Porzellan das Bergmannslied „Glück auf, der Steiger kommt".

Rathaus und Denkmal Otto der Reiche

Über der Rathaustür von 1775 befindet sich ein Stadtwappen aus dem Jahre 1510. Schon das älteste Siegel von 1227 zeigt die Umschrift: SIGILLVM BVRGENSIVM IN VRIBERCH (d.h. Siegel der Bürger in Freiberg). Es zeigt eine gezinnte Mauer mit drei gezinnten Türmen und einem offenen Tor, in dem ein geteilter Schild rechts den meißnischen Löwen und links den Landsberger Pfahl enthält. Die Türme tragen Hauben mit Knöpfen. Mauern, Türme und Tore waren Sinnbild der Stadtwerdung und Stadtverfassung.

Um 1500 ging aus dem Siegel das Stadtwappen her-

Das Freiberger Wappen am Rathausportal

vor: Ein schwarzer Löwe auf goldenem Schild vor der Stadtmauer mit Türmen und Tor und Fähnchen auf den Turmspitzen. Schwarz und Gelb wurden zu Freibergs Stadtfarben.

In der Vergangenheit wies das Gebäude im Erdgeschoss links die Ratswaage und die Brotbänke auf, rechts vom Eingang die Gerichtsstube und die Salzbänke.

Das Obergeschoss besitzt noch heute eine repräsentative Ratsdiele und einen Rathaussaal. Hier feierte 1512 Herzog Heinrich der Fromme seine prunkvolle Hochzeit mit Katharina von Mecklenburg. Die Fürstengalerie zeigt Gemälde von Kurfürst Johann Georg II. bis König Friedrich August II. Damit besitzt Freibergs Rathaus einen eigenen kleinen „Kurfürstenzug".

Diele im Rathaus

In der Lorenzkapelle im Rathausturm, 1514 geweiht, verziert mit Wandmalerei und einem schönen Sterngewölbe, wurden bis zur Reformation Messen gelesen.

Die einstige Ratsstube ist heute das Sitzungszimmer der Stadtverordneten und war früher die Gerichtsstube. Besucher bewundern das frühbarocke Portal aus dem 17. Jahrhundert und die kunstvolle Schmiedearbeit der eisernen Tür. Hier im Rathaus übergab am 7. Mai 1945 Oberbürgermeister Dr. Werner Hartenstein im Einverständnis mit dem Standortältesten der deutschen Wehrmacht, Oberstleutnant Carl Redlich, und Antifaschisten Freiberg kampflos der Roten Armee und bewahrte damit die Stadt vor sinnloser Zerstörung.

Sehenswert ist auch das Ratsarchiv. Seit 1632 werden hier in 96 Kammerkästchen die wertvollsten Urkunden und in Regalen die Amtsbücher der Stadt aufbewahrt. Die älteste Urkunde stammt aus dem Jahre 1224. Bei den wertvollen Originalen handelt es sich um „päpstliche Bullen, kaiserliche, kurfürstliche, markgräfliche, städtische und geistliche Urkunden... der Stadt, deren Kirchen, Klöster, Hospitäler".

Rechts neben der Rathaustür sieht man ein altes Wahrzeichen der Stadt, das wandernde Handwerksburschen kennen mussten: drei Kreuze, zwei davon noch mit Silbererz ausgelegt. Wer dieses Zeichen nicht kannte, war nie in Freiberg gewesen.

Historisches Ratsarchiv

Von ursprünglich zwei Erkern an der Längsseite des Rathauses ist nach Umbauten nur der ältere erhalten geblieben. Steinmetz Andreas Lorentz hat ihn 1578 auf mächtigen Kragsteinen in den Bau eingefügt. Er ist mit den Wappen von Freiberg und Kursachsen, von Dänemark, Thüringen und der Mark Meißen geschmückt. Der steinerne Gaffkopf mit Knebelbart und Sturmhaube wird im Volksmund als der Kopf des Ritters Kunz von Kauffungen bezeichnet, der auf einen östlich vom Brunnenrand liegenden schwarzen Stein, den Ort seiner Hinrichtung, schaut.

In den Kerkerzellen wurde auch der Räuber Lips Tullian (1673-1715) von September 1710 bis November 1711 gefangen gehalten, bevor er in Dresden hingerichtet wurde. Bei der Besichtigung der Kellerräume gewinnt der Besucher auch einen Einblick in das mittelalterliche System der unterirdischen Abwasserläufe, genannt Anzüchte.

Erker am Rathaus

Sage und Geschichte: Der Prinzenräuber Kunz von Kauffungen
Die Historie um den Ritter Kunz von Kauffungen gehört seit Jahrhunderten zu den sagenumwobenen Ereignissen sächsischer Geschichte. Am 14. Juli 1455 wurde er auf dem hiesigen Obermarkt wegen der Entführung der Prinzen Ernst und Albrecht hingerichtet.

Ritter Kunz von Kauffungen hatte jahrelang als „freier Ritter" im Dienste des sächsischen Kurfürsten Friedrich II., genannt der Sanftmütige, gestanden und ihm in Kriegszeiten mit dem Schwert treu gedient. Im Bruderkrieg des Kurfürsten gegen Herzog Wilhelm war Kunz in Gefangenschaft geraten. Seine Familie kaufte ihn unter Verlust eigener Güter frei und Kunz forderte nach Kriegsschluss von seinem Kurfürsten Ersatz dafür. Gerichtliche Entscheidungen erbrachten keine Lösung.

Hinrichtungsstein am Obermarkt

So schritt Kunz zur ungewöhnlichen Selbsthilfe. Mit Hilfe treuer Helfer drang er, begünstigt durch die Abwesenheit des Kurfürsten, in der Nacht vom 7. zum 8. Juli 1455 in das Schloss Altenburg ein. Dabei kam ihm genaue Ortskenntnis zugute, denn 1443 hatte er als „Voit und Amptmann" auf dem Schlosse Dienst getan. Die benötigten Strick- und Lederleitern hatten seine Helfer angefertigt, Originalteile sind noch in der Eingangshalle unseres Rathauses zu sehen. Zwar gelang der Raub der beiden Prinzen Ernst und Albrecht, aber auf der Flucht nach Böhmen wurde Kunz mit Albrecht in der Nähe des Klosters Grünhain gefangen und Ernst erhielt daraufhin von seinen Entführern die Freiheit wieder.

Im Freiberger Stadtrecht von 1294 besaß der Rat das Privileg der Rechtssprechung bei Vergehen gegen den Kurfürsten. So saßen nun 12 Bürger statt adlige Ritter über Kunz zu Gericht und verurteilten ihn wegen Landfriedensbruch und Kindesraub zum Tode. In den unterirdischen Kerkerzellen des Rathauses verbrachte Kunz seine letzte Nacht in Dunkelheit und Feuchtigkeit. Anderntags fiel sein Kopf. Ein schwarzer Stein kennzeichnet die Stelle der Hinrichtung.

1485 erfolgte unter Ernst und Albrecht die Teilung des Wettinerlandes. Ernst erhielt mit der Kurwürde Thüringen und Wittenberg, Herzog Albrecht erwählte das Meißner Land.

RUND UM DEN OBERMARKT

Schönlebehaus
Der Giebelseite des Rathauses gegenüber steht das Haus Obermarkt 1, ein Gebäude im spätgotischen Baustil, 1625 grundlegend umgebaut.
Seit der 1975 erfolgten Rekonstruierung des schmuckreichen Portals nach alten Unterlagen erregt es wieder Bewunderung. Zwei Löwen flankieren die Tür und neben dem Wappen der Familie Schönlebe paradieren zwei Bergleute mit einem Erztrog auf den Schultern. Das mit dem dreigeschossigen Giebel zur Erbischen Straße stehende Patrizierhaus baute die Familie Schönlebe 1625 bis 1630 repräsentativ aus. Im Innern des Hauses überrascht die Qualität freigelegter Deckenbilder aus jenem Zeitraum; im ersten Stock eine frühbarocke Bemalung, im zweiten Bergbaumotive nach Agricola. Ein frei zugängiger Wendelstein führt in die oberen Geschosse.

Geschichte und Sage: Jonas Schönlebe
Unter den Mitgliedern der Familie Schönlebe war besonders Jonas Schönlebe (1582-1658) bedeutend. Als Sohn eines kurfürstlichen Hüttenreiters geboren, kehrte er 1602 nach ausgedehnten Reisen nach Freiberg zurück. 1625 wurde er Ratsherr, 1627 Salzherr, 1628 Musterherr, 1629 Zehnter und 1631 Bürgermeister. Besondere Verdienste für die Stadt erwarb er sich in den Jahren des Dreißigjährigen Krieges. Nach einer glücklichen Errettung aus der Hand kaiserlicher Truppen

im Jahre 1632 stiftete er die Bergmannskanzel für den Dom. In den harten Zeiten der Belagerung der Stadt durch schwedische Truppen, sowohl 1639 durch Baner als auch 1642/43 durch die Armee Torstensons, leitete er mit dem Stadtkommandanten von Schweinitz und dem Berghauptmann von Schönberg die Verteidigung der Stadt. Dank tapferer Gegenwehr hielten die Musketiere, Defensioner und Bergleute Freiberg bis zur Befreiung durch die Armee des Generals Piccolomini. Kaiser Ferdinand verlieh ihm eine goldene Ehrenkette (die im Stadt- und Bergbaumuseum ausgestellt ist) und erhob ihn in den Adelsstand.

Zwischen dem Rathaus und dem Schönlebehaus steht der Klatschweiberbrunnen, gestaltet 1979 vom Freiberger Künstler Gottfried Kohl (geb. 1921).

Napoleonhaus
Das Nachbarhaus Obermarkt 4 ist mit seinem Rundbogenportal eines der wenigen frühbarocken Kaufmannshäuser der Stadt. Erbaut in den Jahren 1680/81, konnte es 1972 erneuert werden.
Das geräumige Portal, einst Reisekutschen die Einfahrt in den Hof ermöglichend, ist heute Zugang zu einer Kaufhalle.

Geschichte: Napoleon in Freiberg
Am 16. Mai 1812 empfing das sächsische Königspaar im Hause Obermarkt 4 den französischen Kaiser Napoleon, der sich auf dem Weg nach Russland befand. Nach freundlicher Begrüßung durch den Bürgermeister überreichte Oberberghauptmann von Trebra dem hohen Gast eine kupfererzhaltige Mineralienstufe. Professor Lampadius übergab eine zu diesem Anlass verfasste Schrift „Stärkezucker und Kastanienkaffee" mit Kaffee und Zuckerproben für das nächste Frühstück. Damit stellte er seinen Anteil an der Überwindung der durch Napoleon verhängten Kontinentalsperre (Verbot der Einfuhr englischer Waren) heraus. Am Abend nahmen Freiberger Bergleute zur Parade Aufstellung. Ein erleuchtetes „N" für Napoleon strahlte vom Abrahamschacht. Der große Korse hielt jedoch die in ihren Berguniformen angetretenen Bergleute für Angehörige der Bürgerwehr („Ah, c'est la milice!").

Obermarkt 6 ist ein frühbarockes Kaufmannshaus aus der Zeit um 1590. Durch die drei Obergeschosse geht ein mit Knorpelwerk verzierter Mittelerker. Über dem Rustikaportal ist die Jahreszahl 1669 ausgewiesen, die auf Umbau hindeutet. Die 1825 in Freiberg gegründete Hutfabrik Mette hat hier ein Geschäft für Hüte und Pelze, neuerdings auch für Hochzeitskleider.

Alnpeckhaus
Der dem Obermarkt zugewandte Giebel des Eckhauses Obermarkt/Korngasse 1 zeigt auffällige Fenster mit Vorhangbögen. Das spätgotische Gebäude stammt aus dem Jahr 1511. Es wurde durch die Familie Alnpeck erbaut, die bis zur Verlegung der Freiberger Münze 1556 nach Dresden an den Hof des Kurfürsten auch den

letzten Münzmeister stellte. In den unteren zwei Etagen befindet sich die Buchhandlung Glückauf.

Obermarkt 7 fügt sich als Neubau in die Häuserzeile des Marktes ein. Es war vor dem Neubau im Jahre 1959/60 ein Kaufmannshaus mit Ladeluke am Dachfirst. In einer Nische im ersten Stock stand bis dahin eine Bergmannsfigur aus dem 16. Jahrhundert mit dem Wappen der Familie Prager. Darüber befand sich einst eine Inschrift, dass sich an dieser Stelle Freibergs erste Zeche befunden habe, was inzwischen durch wissenschaftliche Arbeiten widerlegt wurde. Heute ziert dieses neuerbaute Geschäfts- und Wohnhaus eine steinerne Bergmannsfigur in moderner Arbeitskleidung mit einem Preßlufthammer über der Schulter.

Am Obermarkt 8 steht das älteste gotische Spitzbogenportal eines Bürgerhauses der Stadt. Es stammt aus den Jahren 1499 bis 1502. Bei der Restaurierung des Hauses 1998/99 wurden freigelegte Deckengemälde konserviert.

Benachbarte Häuser hießen einst „Handtuchhäuser": Bevor Läden in ihrem Erdgeschoss eingerichtet wurden, hatten sie nur einen Eingang durch das Hinterhaus von der Petriplatzseite her.

Carlowitzhaus
Eckhaus Obermarkt 10/Kirchgässchen 2, ein dreigeschossiges Renaissance-Giebelhaus von 1542, ist das einzige Freiberger Wohnhaus im Stil der „Görlitzer Renaissance". Die Fenster sind durch Pilaster gerahmt statt durch Gewände.

Von 1690 bis 1714 war es das Wohnhaus von Oberberghauptmann Hans Carl von Carlowitz (1645-1714). Er verfasste das erste forstwissenschaftliche Buch unter dem Titel „Silvicultura oeconomica oder Hauswirtschaftliche Nachricht und naturgemäße Anweisung zur wilden Baumzucht". Mit Erforschung der natürlichen Lebensbedingungen unserer Wälder trug er Sorge um den geringer werdenden Holzbestand, den der Bergbau benötigte. Von Carlowitz prägte den Begriff der „Nachhaltigkeit".

Möller-Henckel-Haus
Obermarkt 12 ist ein spätgotisches Bürgerhaus aus der Zeit um 1500. Zwei berühmte Freiberger Persönlichkeiten bewohnten es: Von 1641 bis 1660 der Stadtchronist Andreas Möller (siehe Gedenktafel) und vermutlich ab 1733 bis zu seinem Tode 1744 der Bergrat Johann Friedrich Henckel.

Geschichte: Andreas Möller

Andreas Möller (1598-1660) gehört neben Bürgermeister Schönlebe, Leutnant Schmohl und Kommandant Schweinitz zu den berühmten Freiberger Persönlichkeiten des Dreißigjährigen Krieges, ohne dass er jedoch auf den Bastionen gekämpft hat wie jene. Seit 1624 war er am hiesigen Gymnasium als Konrektor und Lehrer für Hebräisch und „andere morgenländische Sprachen" tätig. Er führte Astronomie in den Unterricht ein, und als Leiter der Schulbibliothek nahm er eine Neugliederung der umfangreichen Sammlung vor. Für seine Dramen und Schulkomödien erhielt er den Titel eines Poeta laureatus verliehen. Nach seiner Promotion zum Dr. med. an der Universität Jena wirkte er als Arzt in Freiberg. Unvergessen wurde er durch die Herausgabe der Chronik „Theatrum Freibergense Chronicum" in deutscher Sprache im Jahre 1653; sie gilt noch heute als wichtigste Quelle zur Stadtgeschichte. Die historische Bibliothek des heutigen „Geschwister-Scholl-Gymnasium" trägt den Namen „Andreas-Möller-Bibliothek".

„Stadtphysikus" Johann Friedrich Henckel (1679-1744) erhielt als Arzt, Chemiker und Mineraloge 1733 vom Oberbergamt den Auftrag zur Einrichtung eines Laboratoriums in einem Gartenhaus an der Fischerstraße.

Ratskeller
„Das KauffHausz liegt am Obern/Marckte und ist Anno 1545 nach Reminscere zu bawen angefangen/...", so berichtet Chronist Möller. Baumeister Sebastian Lorenz der Ältere errichtete dieses dreigeschossige Haus Obermarkt 16 als Kaufhaus und Repräsentationsgebäude der Stadt. Das Portal aus der Zeit der Frührenaissance zeigt neben dem Stadtwappen auch Porträts und Rankenwerk.
Der Name der benachbarten Straße – Kaufhausgasse – bringt bis in unsere Zeit die frühere Funktion des Gebäudes zum Ausdruck. Im Erdgeschoss befanden sich neben dem Ratsweinausschank die Verkaufsstände der Bäcker und Fleischer. Im ersten Stock verkauften die Tuchmacher, Gewandschneider, Kürschner und Schuhmacher ihre Waren. Die „Kastenstube" war im 17. Jahrhundert Sitzungsraum der Vorsteher des Almosenkastens (=Almosenkasse) und „Trinkstube für besondere Personen". Eine aus dem 16. Jahrhundert stammende Trinkstubenordnung ist erhalten geblieben. Seit einem Umbau im Jahre 1880 lädt die Gaststätte „Ratskeller" zur Einkehr ein. Seit der Renovierung von 1986 kommen die Balkendecke, die Mittelsäule und die Türgewände wieder zur Geltung. Im Erdgeschoss finden wir Freiberger Achat als Raumdekoration.

Der Saalbau im ersten Stock, 1683 bis 1687 errichtet, war einst erster Theatersaal der Stadt. Wandernde Schauspielgruppen traten vor Gründung des Stadttheaters hier auf, so 1727 die berühmte Caroline Neuber (1697-1760), die als „die Neuberin" in ganz Deutschland bekannt war. Konzerte gab hier auch zwischen 1834 und 1836 die Pianistin Clara Wieck (1819-1896), die spätere Frau Robert Schumanns. Die barocke Ausmalung des Saales stammt aus dem 18. Jahrhundert. Das dominierende Bild der Stirnseite „Huldigung an Apoll" vom Maler S. Bottschild aus der Zeit des Barock (um 1680) konnte aus dem ehemaligen Schloss Polenz erworben werden.
Parallel zur heute mit modernen Geschäften neu erbauten Kaufhausgasse befanden sich einst in alten Gebäuden die Fleischbänke der Stadt.

Lißkirchenhaus

Die für den Obermarkt typische Eigenart steiler Ziegeldächer und übereinandergestaffelter Dachluken wird besonders deutlich am Haus Obermarkt 17, erbaut im Stil der Renaissance. Es wurde 1528/31 als viergeschossiges, 32 m hohes Patrizierhaus mit vier Dachetagen erbaut und ist so weithin erkennbar. Bauherr war der Bürgermeister und Ratsherr Georg Lißkirchen.

Beeindruckend ist das Renaissanceportal, das mit Recht neben der Goldenen Pforte, der Kreuzigungsgruppe, der Tulpenkanzel und dem Moritzmonument als architektonische Kostbarkeit der Stadt genannt wird. Steinmetz Paul Speck (gest. 1557) gelang damit ein Höhepunkt seines Schaffens. Im inneren Bogen gestaltete er zierliche Putten, Drachen und Blattwerk.

Giebelfeld Portal Obermarkt 17

In den beiden Eckmedaillons könnten der Erbauer und seine Frau dargestellt worden sein. Das Bemerkenswerteste aber ist das Giebelfeld in der Mitte, das uns den Bergbau um 1500 vor Augen führt. Da sind u.a. rechts zwei Haspelknechte an der Winde zu sehen, links ein Mann beim Zerkleinern des Erzes, in der Mitte Bergleute vor Ort und zwischen den Gestalten aus dem Bergmannsleben stehen alte Kauen. Die Darstellung tangiert mit Motiven des Annaberger Bergaltars von Hesse. Beide Arbeiten sind in die Zeit vor der Veröffentlichung von Agricolas „De re metallica" (1556) einzuordnen.

Im Treppenturm ermöglicht eine offene profilierte Spindel mit Blockstufen den Aufstieg in die oberen Stockwerke.

Das benachbarte dreigeschossige Bürgerhaus Obermarkt 18 zeigt aus der Zeit um 1515 das Relief „Gottvater und die Weltkugel" von Franz Maidburg (um 1480-1546), der damit den Beginn einer „Freiberger Bildhauerschule" unbewusst markierte. Weitere Werke Maidburgs finden wir in der Annenkirche in Annaberg.

Ratsapotheke

Am Renaissancegebäude von 1528/31, dem Hause Obermarkt 23 neben dem Rathaus, weist das Bild eines schwarzen Elefanten auf einer Tafel zwischen den Fenstern des 1. und 2. Stockwerkes auf die 1279 ersterwähnte Apotheke der Stadt hin, als ein „her Johannes uze der Apotheken, burgere zu vriberg" dem Markgrafen ein Gut verkaufte. Die heutige „Ratsapotheke" ein spätgotisches Gebäude von 1510/30, befindet sich seit 1631 in diesem Haus. In späterer Zeit wird auch eine „Apotheke an der Kraemerecke am Markt" genannt. Seit 1637 gibt es eine Freiberger Apothekenordnung, und bis in jene Zeit geht auch der Name der „Privilegierten Apotheke zum Schwarzen Elefanten" zurück.

Die Petrikirche

Durch das Kirchgässchen gelangen wir vom Obermarkt zur Petrikirche. Sie gab ihren Namen dem Stadtviertel mit Peterstor und Peterskirchhof und später auch der Petersgasse. Mit ihren drei Türmen von ungleicher Höhe prägt sie noch heute die Silhouette der Stadt.

Mit der Errichtung der Oberstadt entstand auch unmittelbar die Petrikirche auf dem höchsten Plateau der Stadt an der Stelle einer alten Gerichtsstätte. Aus dem Jahre 1218 ist der Name des ersten Pfarrers überliefert.

Aus der ersten Bauphase ist der 72 m aufgestockte Petriturm erhalten.
Die barocke Haube des Turmes hat Ratsbaumeister Johann Gottlieb Ohndorf (1710-75) geschaffen. Der Turm trägt die Stundenglocke und das „Häuerglöckchen", das den Bergmann nach der Bergordnung von 1509 täglich zur

Inneres der Petrikirche mit Christusfigur von F. Press

Schicht rief. Nach einer erhaltenen Anweisung aus dem Jahre 1574 läutete es morgens (um 3 und um 4 Uhr), mittags (11 und 12 Uhr) und abends (19 und 20 Uhr). Auf dem 1874 erneuerten Bergglöckchen steht der Spruch:
„Auf, auf! zur Grube ruf ich euch, ich, die ich oben steh.
So oft ihr in die Tiefe fahrt, so denket an die Höh!"
Die alte Glocke ist Ausstellungsobjekt im Stadt- und Bergbaumuseum.
Der „Faule Turm" trägt die Glocken, und der „Hahnenturm" steht allein an der Ostseite des Kirchenschiffes.
Das Gotteshaus wurde 1386 durch Feuer zerstört, und von 1401 bis 1440 erfolgte ein Neubau als spätgotische Hallenkirche. 1730, nur zwei Jahre nach erneutem Brand, wurde eine barocke Ausgestaltung vorgenommen, zu der auch die Sandsteinkanzel von Johann Christian Feige von 1733 gehört. Die Orgel hat Meister Silbermann 1733 bis 1735 in seiner Werkstatt geschaffen. Sie besitzt 2 Manuale, 32 Stimmen und 1800 Pfeifen. In jüngster Zeit, von 1976 bis 1988, wurde die Kirche

restauriert und erhielt ihre jetzige Innenausstattung. Diese neuzeitliche Gestaltung des Kirchenschiffs mit den zwei Christusfiguren (aus Lindenholz, überzogen mit Silberfolie) und den 12 Stelen an den Wänden (darstellend die „Wartende Gemeinde") trägt die Handschrift des seinerzeit in Dresden lebenden Bildhauers Friedrich Press (1904-1990).

Auf dem Turm wohnte bis 1905 der Glöckner, der bei ausbrechendem Feuer die Bewohner alarmieren musste. Trotz der Bewältigung von 222 Stufen ist eine Besteigung des Turmes zu empfehlen, denn von der alten Glöcknerwohnung aus bietet sich ein eindrucksvoller Blick über die alte Bergstadt und ihre reizvolle, noch immer vom Bergbau geprägte Umgebung.

Türmerstube im Petriturm

Zwei politische Ereignisse sollen nicht unerwähnt bleiben: Am 7. Mai 1945 ließ OB Werner Hartenstein weiße Fahnen auf dem Petriturm hissen, damit der Panzerspitze der anrückenden Roten Armee die kampflose Übergabe Freibergs signalisierend.

Bereits am 8.10.1989, also noch vor der Öffnung der Berliner Mauer, hat Pfarrer Breutel die Petrikirche für Fürbittgottesdienste geöffnet.

Die Petersstraße
Seit 1427 trägt die Petersstraße, früher Petersgasse, ihren Namen, mit Ausnahme der Jahre 1949 bis 1991, als sie „August-Bebel-Straße" hieß. Auch auf dieser Straße setzt sich beidseitig – mit einigen Ausnahmen – die Reihe von Bürgerhäusern aus dem 16. Jahrhundert fort.

Konditormeister Curt Hartmann richtete 1926 das heutige Café im Stile eines Wiener Kaffeehauses ein. Während zwei andere im Wiener Stil außerhalb Österreichs gebaute Cafés im Kriege zerstört wurden, sind die hier vorhandenen ornamentalen Stuckarbeiten original. Noch heute setzt das Café Hartmann als einzige Konditorei der Stadt die Tradition des Backens von Freiberger „Bauerhasen" fort.

Sage: Freiberger Bauerhase und Freiberger Eierschecke
Einer Sage nach ist das Rezept des mit Mandeln gespickten Gebäcks in Form eines Hasen 700 Jahre alt. An der Tafel Markgraf Friedrichs mit der gebissenen Wange untersagte 1292 der ansonsten gaumenfreudige Abt eines hiesigen Klosters zu

Beginn der Fastenzeit den Genuss eines knusprig zubereiteten Hasenbratens, sehr zum Kummer der zahlreichen Gäste. Ein Jahr später überraschte der Hofkoch namens Bauer die Tafelrunde mit einem gebackenen Hasen, der nun auch in der Fastenzeit – sogar vom Abt mit großem Appetit – gegessen werden durfte.

Freiberger Eierschecke
Ein zweites typisches Freiberger Backwarenprodukt ist die Freiberger Eierschecke. Für ihre Herstellung soll vielen Freiberger Bäckermeistern Lob und Dank gesagt werden. Sie soll während einer Belagerung der Stadt kreiert worden sein, als der bisher verwendete Quark zum Ausbessern der zerstörten Mauern knapp wurde. So verzichtete ein Bäcker auf Quark und reicherte den Kuchen mit Ei und Zucker an. Noch immer liegt sie in Konkurrenz zur Dresdner Eierschecke.

Petersstraße 3
Das allseits bekannte Kaufhaus Petersstraße 3 war von 1914 bis 1938 im Besitz der jüdischen Familie Schocken. Die Brüder Simon und Salman Schocken hatten den größten Kaufhauskonzern Sachsens gegründet. Nach der Kristallnacht wurde ihr Unternehmen 1939 zur „Germania AG" arisiert. Bekannt als Kaufhaus „Mercur" firmierte erst ein holländisches, später ein deutsches Bankenkonsortium. Nach dem Kriege war es für drei Jahre als „Uniwermag" ein Kaufhaus für Angehörige der sowjetischen Armee. In den Jahren der DDR gehörte es zum Konsumverband. Das alte Kaufhaus Schocken wurde 2009 abgerissen und durch einen modernen Bau ersetzt. Historische Bausubstanz blieb dabei erhalten.

Der 1930 als Nachfolger von Carl Lewin von Schocken eingesetzte Direktor des Kaufhauses, Wilhelm Heymann, erhielt zum Gedenken an seine Ermordung und die seiner Familie in einem SS-Lager vor seiner Wohnung Heinrich-Heine-Straße 12 einen Stolperstein verlegt. Der Kölner Bildhauer Gunter Demmig verlegte die pflastersteingroßen Steine, auf denen eine Messingplatte Auskunft über den Namen und Lebensdaten gibt. Die Einzementierung erfolgte am 6. Juli 2007 durch die Initiative des Christlichen Jugenddorfes Freiberg (CJD) vor den Wohnungen der Opfer.

Weitere Stolpersteine befinden sich:
Vor dem Hause Kesselgasse 1a für die Familie Fritz Baum und Anna Baum (Besitzer eines Textilgeschäftes, das ihr Vater Hermann Baum gegründet hatte). Fritz Baum wurde im März 1943 in das Lager Auschwitz deportiert und sofort ermordet.

Familie Max und Grete Pinkus führten das Woll- und Textilgeschäft der Eltern in der Poststraße 16. Die nach 1933 einsetzende Hetze gegen jüdische Bürger, besonders jüdische Geschäftsleute, stand unter der NS-Propaganda! „Es verstöße gegen Parteidisziplin, wer in einem jüdischen Geschäft kauft oder durch seine Ehefrau oder andere Beauftragte kaufen lässt. Kauft in unseren deutschen Ge-

Stolperstein vor dem Haus Kesselgasse 1

schäften!" Viele Freiberger beugten sich dem faschistischen Druck und mieden den Einkauf. 1938 musste das Geschäft von Familie Pinkus aufgegeben werden. Sohn Werner konnte mit einem Kindertransport nach England gelangen und damit gerettet werden. Die Eltern wurden 1943 in einem Lager bei Riga ermordet.

Die Verlegung weiterer Stolpersteine ist geplant.

Gunter Demnig: „Ein Mensch ist vergessen, wenn sein Name vergessen ist. Und will man diesen auf dem Stein lesen, muss man sich nach unten beugen und sich dabei unwillkürlich verneigen".

Alte Mensa

Das Haus Petersstraße 5 ist als „Alte Mensa" ein beliebtes studentisches Kulturzentrum. Unter den Namen „Schwarzes Ross" oder auch „Halbes Schwarzes Ross" war es einst ein angesehenes Hotel der Stadt, bereits von Möller 1653 als „sonderlich befryter Gasthof" erwähnt. Im Zeitalter der Pferdekutschen bot das Hotel Stallungen für 50 Pferde an. 1873 wurde hier die Ortsgruppe der Sozialdemokratischen Partei Freibergs gegründet.

1828 übernachtete Alexander von Humboldt als Gast im Schwarzen Ross, anlässlich seines Besuches bei Ferdinand Reich. „Wie ich einen wichtigen Teil meiner Bildung und die Richtung meiner Bestrebungen der ... trefflichen Anstalt der Freiberger Bergakademie ... schuldig bin," schrieb 1850 der Universalgelehrte. Eine im Mai 2009 enthüllte Tafel erinnert an seinen Aufenthalt in Freiberg.

Geschichte: Alexander von Humboldt
Alexander von Humboldt (1769-1859) stand in enger Beziehung zu Freiberg. Von Juni 1791 bis Februar 1792 studierte er an der Bergakademie. Aus Preußen kommend, deshalb als „Ausländer auf eigene Kosten studierend", hatte er sich als 357. Student an der Bergakademie

Gedenktafel für A. v. Humboldt in der Petersstraße

eingeschrieben. Als „Bergmann vom Leder" war er von den Vorlesungen Professor Werners, die geisteswissenschaftliche Darlegungen mit naturwissenschaftlichen Beobachtungen und Forschungen im freien Vortrag boten, besonders beeindruckt. Ihn reizte die naturwissenschaftliche und bergmännische Ausbildung, die für seine weitere Lebensgestaltung von wesentlicher Bedeutung war.

Humboldt studierte gerade in jener Zeit, als das Amalgamierwerk in Halsbrücke weltweit für technische Bewunderung sorgte, Maschinendirektor Johann Friedrich Mende (1743-1798) eine Wassersäulenmaschine auf der Grube „Siegfried" in Riechberg installierte und der Churprinz-Kanal mit dem ersten Kahnhebewerk der Welt die Studenten begeisterte. Durch dieses vielseitige Erleben von „theoria cum praxi" wurde Freiberg eine wichtige Station im 90 Jahre währenden Leben des Universalgelehrten und Forschungsreisenden, dem bereits zusammen mit seinem Studienfreund Johann Carl Freiesleben (1774-1846) ein Denkmal am alten Kuhschacht gewidmet wurde. Rektor Bernd Meyer zur Einweihung der Tafel: „Das Studium Humboldts an der Bergakademie war ein Glücksfall für Freiberg und Freiberg ein Glücksfall für Humboldts Leben."

Fortunabrunnen
Nur wenige Meter entfernt finden wir den Fortunabrunnen, ein beliebtes touristisches Fotomotiv. Professor Bernd Göbel, ein gebürtiger Freiberger (geb. 1942), gestaltete ihn zur 800-Jahr-Feier der Stadt. „Fortuna beugt den Lebensbaum der Stadt". Ein Putto lauscht den Erzählungen der antiken Schicksalsgöttin Fortuna und aus dem gebeugten Lebensbaum strömt das Wasser des Lebens.
Bedeutende historische Persönlichkeiten der Bergstadt werden im Relief dargestellt. Persönlichkeiten, die Freibergs Geschichte schrieben: So Markgraf Otto, Ulrich Rülein, Hans Witten, Gottfried Silbermann, Freiherr von Herder, Clemens Winkler, A.G. Werner. Hier wird Freiberger Geschichte lebendig!

Hilligerhaus
Eine Familie, die für ihre Produkte weit über die sächsische Grenze hinaus bekannt war und sogar am Kaiserhof zu Wien Aufträge erfüllte, bewohnte als Stammsitz das Haus Petersstraße 40. Die Glockengießerei Hilliger hat in neun aufeinanderfolgenden Generationen Kirchenglocken (so für den hiesigen Dom und die Nikolaikirche), Grabmale und ziselierte Grabplatten (gut erhalten noch im Freiberger und im Meißner Dom), aber auch Geschützrohre hergestellt, für die sogar Lucas Cranach aus Wittenberg die Verzierung entwarf. Das Rundbogenportal am Haus zeigt das von Kaiser Karl V. der Familie verliehene Wappen, einen silbergrauen Bären mit dem Tasterzir-

Wappen der Familie Hilliger, Petersstraße 40

kel und dazu die Inschrift „GH 1745". Am ebenfalls zur Familie gehörenden Haus Waisenhausstraße 7 fällt dem Betrachter auch ein silbergrauer, aufrechtstehender Bär auf, dessen Pranken einen Tasterzirkel festhalten.

Posthalterei und Postverwaltung
Die Gaststätte „Deutsches Haus" (mit Ausschanktradition seit 1864) beherbergte von 1833 bis 1897 zeitweise die Posthalterei in Freiberg. Sehenswert an diesem Hause Petersstraße 42 ist eine der wenigen Sonnenuhren der Stadt. Im gegenüberliegenden Haus, Petersstraße 27, amtierten von 1830 bis 1873 (mit geringer Unterbrechung) die Postmeister der Stadt. Das sächsische Staatswappen über der Tür erinnert daran.
Die Geschichte des offiziellen Postwesens hat in Freiberg eine über 300-jährige Geschichte. Mit Erlass des „Churfürstlich-Sächsischen Oberpostamtes" erfolgte die Eröffnung der Postlinie von Dresden nach Nürnberg im Juli 1693. Dadurch wurde die erste Poststation im Ort im Gasthof „Zum Goldenen Adler" auf der Burgstraße eingerichtet. Bis zu Beginn des Eisenbahnverkehrs hatte Freiberg regelmäßige Postverbindungen mit Personenbeförderung nach verschiedenen Orten, so fuhren acht Postkutschen je Woche nach Dresden, fünf nach Leipzig, vier nach Hof und Nürnberg, je zwei nach Marienberg und Schneeberg, eine nach Chemnitz. Bei Bedarf wurde die Tour über Schneeberg noch bis Nürnberg verlängert. Der erste Briefträger nahm 1812 seine Arbeit auf.

Mohnhaupthaus
Am Haus Petersstraße 46 befindet sich eine Gedenktafel, die der Betrachter nicht sofort zu deuten weiß. Auf der Steintafel stehen die Anfangsbuchstaben für den Einsetzungstext des heiligen Abendmahles:

V(erbum) D(omini) M(anet) I(n) E(ternum) V(nser)
H(err) J(esus) C(hristus) I(n) D(er) N(acht) D(a) E(r)
V(erraten) W(ard) N(ahm) E(r) D(as) B(rot) D(ankte)
V(nd) B(rachs) V(nd) G(abs) D(en) J(üngern) V(nd)
S(prach) N(ehmet) E(sset) D(as) I(st) M(ein) L(eib)
D(er) F(ür) E(uch) G(egeben) W(ird) D(as) T(ut) Z(u)
M(einem) G(edächtnis) D(esselbigen) G(leichen)
N(ahm) E(r) D(en) K(elch) N(achdem) S(ie) Z(u)
A(bend) G(egessen) H(atten) V(nd) D(ankte) V(nd)
G(ab) I(hnen) D(en) V(nd) S(prach) T(rinket) A(lle)
D(araus) D(as) I(st) D(er) K(elch) D(es) N(euen) V(nd)
E(wigen) T(estaments) I(n) M(einem) B(lut) D(as)
F(ür) E(uch) V(ergossen) W(ird) Z(ur) V(ergebung)
D(er) S(ünden) S(olches) T(ut) S(o) O(ft) I(hrs) T(ut)
Z(u) M(einem) G(edächtnis).
ANNO Domini 1529

Gedenktafel am Haus Petersstraße 46

Unter dem Freiberger Reformationsspruch: „Gottes Wort bleibet in Ewigkeit" (VDMIE) kündet die Tafel von der frühen Gabe des Abendmahls in beiderlei Gestalt in einem Privathaus acht Jahre vor der offiziellen Einführung der Reformation im Jahre 1537 durch den Landesherrn in Freiberg.

Über sechs Jahrzehnte früher hatte der damalige Bürgermeister Mohnhaupt 1469 mit Erlaubnis des Papstes eine Hauskapelle einrichten dürfen.

Albert-Park (südlicher Teil)

In der seit einem Jahrhundert gepflegten Parkanlage sind folgende Objekte von historischem Interesse:

Schwedendenkmal

Am Ende der Petersstraße befand sich das Peterstor. 1343 wurde es erstmals als valva sancti Petri erwähnt. Einbezogen in den Verteidigungsring der Stadtmauer und flankiert von wehrhaften Türmen hat es sich im Dreißigjährigen Krieg wiederholt als Bollwerk gegen die anstürmenden Schweden bewährt. An die erfolgreiche Verteidigung der Stadt in den Jahren 1639 und 1642/43 erinnert auch das Schwedendenkmal, von Prof. Heuchler (1802-79) als „Denkmal der Bürgertreue" 1844 aufgestellt. In drei Standbildern stellte Heuchler den Bürger als Verteidiger mit der Radschlossbüchse und Patronen am Riemen vor der Brust dar, den kurfürstlichen Soldaten mit Lanze und Schwert und den Bergmann mit der Barte als Waffe, unterm Kittel eine geheime Botschaft verbergend.

Der gesamte mit Büschen und Bäumen bewachsene Schneckenberg ist der Rest einer alten Schanze jener Zeit, der das Tor schützte. 1838/39 wurde es abgerissen.

Schwedendenkmal

Peter-Schmohl-Schanze

Mit dem Erhalt der Peter-Schmohl-Schanze, der Ruine des alten Rotgießerturms im Bereich des hartumkämpften Peterstores, bewahrte die Stadt ein Denkmal für die damaligen Verteidiger.

Geschichte: Peter Schmohl

Peter Schmohl (1600-52), ein Sohn der Stadt Freiberg, erlernte den Beruf des Vaters, Seidensticker und wurde im Dreißigjährigen Krieg Soldat. Im Heer des Schwedenkönigs avancierte er zum Hauptmann. Nach seiner Teilnahme an den Schlachten bei Lützen und Nördlingen kehrte er nach dem Friedensvertrag von 1635 in seine Vaterstadt zurück und bewohnte das Haus Borngasse 1. 1639 erhielt er vom Kur-

fürsten das Leutnantspatent der Freiberger Defensioner. Bei der 50-tägigen Belagerung im Winter 1642/43 durch die schwedische Armee unter General Torstenson verteidigte Schmohl mit seinen Männern „heldenmütig" den Turm am Peterstor.

Freiberg war in jenen Jahren die einzige deutsche Stadt, die von den schwedischen Armeen nicht erobert werden konnte. Als jedoch der Freiberger Bürgermeister dem Kaiser die Namen der tapfersten Verteidiger melden durfte, fehlte der Name Schmohl auf der Liste, dafür waren die Namen und Ämter vieler Ratsherren aufgeführt!

Unweit davon, an der Straße nach Chemnitz, steht die katholische Johanniskirche. Unter dem Geäst einer mächtigen Linde soll von hier aus General Torstenson die Angriffe auf Freiberg nach stürmischen Kanonaden geleitet haben.

Peter-Schmohl-Schanze im Albertpark

Im Albert-Park

Lindenhaus
Im Albert-Park führt vom Schwedendenkmal eine Freitreppe zum Springbrunnen hinab. Beim Gang um den Brunnen fällt der Blick auf das Haus Beethovenstraße 7, genannt Lindenhaus. Erbaut zwischen 1868 und 1870 bewohnte es Professor Cotta und ab 1905 bis 1933 gehörte es der Burschenschaft „Glückauf" als Korpshaus. Oberbürgermeister Werner Hartenstein (1879-1947) bewohnte es bis 1945, dann diente es bis 1991 unter dem Namen „Cottahaus" dem Kulturbund der DDR als kulturelles Zentrum.

Postmeilensäule
Am Ende der Petersstraße findet der Besucher eine der drei in Freiberg aufgestellten Postmeilensäulen, richtiger ist die Bezeichnung Distanzsäulen. Neben den Entfernungsangaben zu verschiedenen Orten sind auf ihnen das sächsische Wappen und die Initialen „AR" (Augustus Rex = König August) eingemeißelt. 1723 wurden vor Freibergs Toren fünf solcher Säulen errichtet. Als einzige Stadt des alten Kurfürstentums Sachsen weist Freiberg noch drei auf: vor dem Erbischen Tor, dem Peterstor und dem Meißner Tor. Dank der Tätigkeit der Forschungsgruppe „Kursächsische Postmeilensäulen" und einer Spende der Freiberger Philatelisten präsentieren sich die Freiberger Säulen heute in restauriertem Zustand.

1695 ordnete August der Starke die Errichtung von Säulen in Leipzig und Dresden an, mit denen die Reisenden über die Entfernungen zu wichtigen Orten informiert werden sollten. Bald standen steinerne Distanzsäulen an den Poststraßen, vor den Stadttoren und zuweilen auch auf Marktplätzen. Dazu hatte Adam Friedrich Zürner (1679-1742) die Straßen des Kurfürstentums Sachsen neu vermessen. Als „Königlich-Polnischer und Churfürstlich-Sächsischer kurfürstlicher Geograph" ließ er sich einen „geographischen Wagen" bauen, dessen Hinterrad-Umfang exakt einer neuen Dresdener Rute von 4,531 m entsprach. Innerhalb einer Stunde konnte etwa eine halbe Postmeile = 1000 Ruten = 4,531 km zurückgelegt und die Distanz exakt bestimmt werden. Ein bewundernswert konstruiertes Zählwerk registrierte jede Radumdrehung.

Distanzsäule aus dem Jahr 1723

Die Waisenhausstraße
In der von der einstigen Stadtmauer zum Obermarkt parallel zur Petersstraße verlaufenden Waisenhausstraße erwecken Gebäude von historischer Bedeutung unsere Aufmerksamkeit.

Hotel Am Obermarkt (einst Waisenhaus, Fronfeste)
Zum Tag der Sachsen 1992 wurde im Hause Waisenhausstraße 2 das Hotel Am Obermarkt eröffnet. Es hat im vorigen Jahrhundert als Waisenhaus und Knabenbürgerschule und 1945 als Fronfeste zur Inhaftierung politischer Häftlinge gedient.

Weil vor rund 180 Jahren das alte Findelhaus den Anforderungen nicht mehr genügte, erfolgte eine Verlegung in dieses Haus. Die Waisen verlebten hier keine erfreuliche Kindheit, zuweilen wohnten 25 Kinder in einem Raum. Eine Waisenmutter führte mit Strenge die Aufsicht, ein Waisenlehrer unterrichtete in „Lesen, Schreiben, Christentum und Naturgeschichte, soweit dies ihnen nötig seyn kann". Die meiste Zeit aber mussten die Kinder arbeiten. In der Spinnstube waren die Mädchen tätig, und die Jungen flochten Körbe.
Im Obergeschoss war von 1834 bis 1848 die Knabenbürgerschule untergebracht. Der Stadtrat hatte damit auf die Frage des Direktors Gotthilf Ferdinand Döhner (1790-1866) – „Was gehört zu einem wohlgeordneten Bürgerschulwesen einer Stadt wie Freiberg?" – positiv reagiert. Die vier untersten Gymnasialklassen wurden von der Bürgerschule mit übernommen. Ihr bekanntester Lehrer war Johann Carl Gotthelf Rochlitzer (1774-1848) aus Frauenstein. Er hat 1797 zur Gründung eines Seminars in Freiberg beigetragen, 1802 ein eigenes Erziehungsinstitut gegründet und war von 1806 an Lehrer am Gymnasium. Für seinen Elementarunterricht gab er zahlreiche Fibeln auf der Grundlage der Lautiermethode und auch Rechenbücher heraus. 1848 wurde die Knabenbürgerschule in das ehemalige Wohnhaus der Familie von Herder verlagert.

Naturkundemuseum (jetzt wieder Eigentum der Freimaurerloge)
Das dreigeschossige Bürgerhaus Waisenhausstraße 10 diente seit 1947 bis 2008 als Naturkundemuseum der Stadt. Erfolgten in den ersten Jahrzehnten Ausstellungen über heimische Tier- und Pflanzenarten, so häuften sich in den letzten Jahren notwendige Informationen zum Umweltschutz. Besonders für Schulklassen stellten die Besuche gute Ergänzungen zum Unterricht dar. Zwei Gedenktafeln weisen am Haus auf den Wohnsitz von Christlieb Ehregott Gellert (1713-1795) und Johann August Friedrich Breithaupt (1791-1873) hin. Hier hat Gellert 1765 der kurfürstlichen Familie chemische Experimente vorgeführt und Mineralien erklärt, später im ersten Stock seine Vorlesungen gehalten. Nach seinem Tode übernahm die 1798 gegründete Freimaurerloge „St. Johannis zu den drei Bergen" das Haus, und die Meister vom Stuhl Professor Breithaupt und Dr. Ettmüller (gest. 1881) bewohnten es.

Geschichte: Freimaurerloge „St. Johannis zu den drei Bergen"

Viele Persönlichkeiten des Freiberger Geisteslebens, wie Abraham Gottlob Werner, Friedrich Wilhelm Charpentier, August Wilhelm Lampadius, Benno von Heynitz, Friedrich Wilhelm von Trebra u.a. hatten sich unter der Losung der Aufklärung zusammengefunden, „Habe Mut, dich deines Verstandes zu bedienen." Die Mitgliederzahl wuchs in Freiberg von 14 im Jahre 1798 auf 48 in 1804 an. Das Signet der Loge wies drei Berge und eine Taube unter strahlender Sonne auf. (Das Motiv der drei Berge findet sich noch heute im Markenzeichen der Firma „Freiberger Präzisionsmechanik Holding" wieder). 1814 führte die Loge die Sonntagsschule ein und gab damit Lehrlingen eine Möglichkeit der Weiterbildung. 1935 zog eine NS-Dienststelle in das Gebäude ein. Die Einrichtungen wurden in ein zu Propagandazwecken der Nazis verändertes Logenmuseum nach Chemnitz gebracht, das im März 1945 durch Bombenabwurf ausbrannte. Im Chemnitzer Museum wurde der Charakter des Freimaurertums als „jüdisch-plutokratisch" verfälscht dargestellt. Bis 2007 diente das Gebäude der Stadt als Naturkundemuseum. 2009 forderte die Großloge der „Alten Freien und Angenommenen Maurer von Deutschland" das Haus als Nachfolger der Freiberger Loge „Zu den drei Bergen in Freyberg im Orient" zurück. Die Loge ist seit 2007 als Besitzer im Grundbuch eingetragen.

Reichhaus

An der Ecke zu Wallstraße, am Haus Waisenhausstraße 20, weist eine Tafel auf die Wohnung von Professor Ferdinand Reich (1799-1882) hin. Zusammen mit Christian Friedrich Brendel (1776-1861) führte er 1832 Fallversuche zum Nachweis der täglichen Erdumdrehung durch, und mit dem Professor für Chemie Theodor Richter (1824-1889) gelang ihm 1863 die Entdeckung des Elements Indium.

Freiberger Brauhof

Auf dem einstigen Brauhausgelände entstand ein modernes Einkaufszentrum „Kaufland – Am alten Brauhof", daneben bewahrt die 1850 eröffnete Gaststätte „Brauhof" die Tradition des „Freybergischen Bieres". Im Sommer 2000 wurde das 150-jährige Bestehen des Freiberger Brauhauses mit tausenden von Gästen gefeiert. Freiberger Bier hatte und hat wegen seines Geschmackes in vielen Jahrzehnten einen guten Namen in Mitteldeutschland. Seit Gründung der Stadt wurde von den Bürgern Bier gebraut, auch für den bewiesenen Export. Freiberg zählt zum ältesten Brauereistandort Sachsens.

Geschichte: Acht Jahrhunderte „Freybergisch Bier"

1227 erwähnte eine Urkunde das von Markgraf Otto eingerichtete Schrotamt und nur wenige Jahre später, 1266, entschied Markgraf Heinrich der Erlauchte in einem Streit zwischen Freiberg und Dippoldiswalde, dass an „Ausbeute-Bergwerke nur Freybergisch Bier" geliefert werden durfte. Eine Redensart sagte: „Es kitzelt einem in der Nase wie Freiberger Bier". Es wurde auch am Hofe in Dresden gern getrunken, so 400 Fass zur Hochzeit Herzog Georgs des Bärtigen. 1538 bedankte

sich Philipp Melanchthon (1497-1560) für ein Fass Bier als Ehrengeschenk des Freiberger Stadtrates.
Im Feldzug gegen die Türken, so im Sommer 1542, rollten 13 Geschirre mit Freiberger Gerstensaft in das Lager der kursächsischen Truppen. Auf dem Reichstag zu Regensburg wurde auch „Sächsisch Pier aus Freyberg" getrunken. Glockengießer Hilliger durfte am Hofe des Erzherzogs Karl II. von Oesterreich „Pierbrewen auf die Meisnische arth". Gesellen mussten Johann Friedrich Böttger Freiberger Bier in sein Labor bringen, um die Versuche zur Porzellanherstellung zu beflügeln. Auch August der Starke mochte die Herbe des Freiberger Bieres. Bis Mitte des 19. Jahrhunderts übten brauberechtigte Bürger den „Reiheschank" aus.

Heute stellt sich mit der Wiedereinführung des deutschen Reinheitsgebotes von 1516 Freiberger Pils mit Erfolg den Erfordernissen des Wettbewerbes. Mit der Verlagerung der Produktion 1996 vor die Tore der Stadt in das Gewerbegebiet Freiberg-Nordwest längs der Leipziger Straße „Am Fürstenwald" entstand hier die modernste Brauerei Europas. Zur Zeit (Stand 2009) beträgt die Produktionskapazität 850 000 Hektoliter.
Die jährlichen Brauereifeste (2009 das 16.) erfreuen sich in Mittelsachsen allgemeiner Beliebtheit.
Nun bietet sich ein Spaziergang entlang der efeubewachsenen Stadtmauer längs der Schillerstraße zur Fischerstraße an.

Die Fischerstraße
Ihren Namen trägt die Straße seit 1396. Stadtchronist Möller berichtet von einem „Fischmarkt oben bei dem Gerinne" (gemeint ist die Rinnengasse) und als Restaurant war auch eine Fischerstube bekannt. Nun hat die Straße seit 1991 ihren alten Namen zurückerhalten, nachdem sie von 1961 bis 1991 in „Lomonossowstraße" umbenannt worden war.

Henckel-Lomonossow-Haus
Am Hause Fischerstraße Nr. 41 weist eine Gedenktafel darauf hin, dass hier in einem früheren Gebäude der russische Universalgelehrte Michael Wassiljewitsch Lomonossow (1711-65) bei Bergrat Henckel von Juli 1739 bis Mai 1740 als Student lebte.

Die Kurfürstliche Stipendienkasse
Im Rahmen der 1702 gegründeten Kurfürstlichen Stipendienkasse bildete Henckel Nachwuchskräfte für Bergbau und Hüttenwesen aus. Dies kann man als eine Vorstufe zur 1765 gegründeten Bergakademie werten. In seinem Labor, einem ersten für Metallurgie und Probierkunde in Deutschland, leitete er seine Schüler zum Experimentieren an und vermittelte ihnen eine praxisnahe Ausbildung. „Es war eine Herberge und ein Gasthof für gelehrte Leute von Adel und Bürgertum". Zu ihnen gehörten u.a. Karl Eugen Pabst von Ohain (1718-84), der 1775 als Berghauptmann die Berufung Abraham Gottlob Werners an die Bergakademie veranlasste; An-

dreas Sigismund Marggraf (1709-82), der spätere Leiter des chemischen Labors in Berlin und der Entdecker des Rübenzuckers; Friedrich Wilhelm von Oppel (1720-69), der als Oberberghauptmann 1765 wesentlich zur Gründung der Bergakademie beitrug; Dimitr Iwanowitsch Winigradow (1720-58), der Schöpfer des russischen Porzellans.

Geschichte: Michael Wassiljewitsch Lomonossow
Bevor Lomonossow nach Freiberg kam, hatte er im Auftrag des Zaren von 1736 bis 1739 bei Christian Wolff (1679-1754) in Marburg mathematische und philosophische Vorlesungen gehört. Nun erlebte er in Freiberg eine intensive Ausbildung in Physik, Chemie, Mineralogie im Bergbau und in der Metallurgie. Mag er auch mit der Durchführung zeitraubender Versuchsreihen in der „Docimasticae", der Probierkunde, nie einverstanden gewesen sein, so konnte er später in Petersburg doch die bei Henckel erlernte analytisch-synthetische Arbeitsmethodik für die eigene Forschung anwenden. Auch erinnerte er sich später, dass er „in Sachsen bei der Besichtigung der Gruben Gelegenheit hatte, in den Berg in fast gerader Linie bis zu vierzig Fahrten tief, jede Fahrt zu vier Lachtern (1 Lachter = ca. 2m), hinab zu steigen". Zu den von ihm besuchten Gruben der Umgebung gehörten die „Neue-Hoffnung-Gottes-Fundgrube" in Bräunsdorf und die „Himmelsfürst-Fundgrube" zu Erbisdorf. Bekannt ist Lomonossows Bonmot, er habe in Freiberg (nach Marburg) die deutsche Sprache ein zweites Mal – sächsisch eingefärbt – erlernt.
Am 19. Mai 2005 wurde M.W. Lomonossow im Rahmen einer dreitägigen Lomonossow-Ehrung als Namenspatron eines Platzes in der Freiberger Altstadt, an der Talstraße gewürdigt.

Übernachtungshaus des Preußenkönigs
An der Straßenseite der ehemaligen Stadtpark-Lichtspiele, Fischerstraße 21, erinnert eine Tafel daran, dass hier als Gast des Bürgermeisters S. Tzschöckel der Preußenkönig Friedrich der Große während seiner Freiberger Aufenthalte in den Jahren 1759, 1760, 1761 und 1762 jeweils Quartier genommen hatte. Freiberg hätte auf diese Ehre gern verzichtet, denn Rat und Bürger zitterten schon bei seiner Ankunft, die stets erhöhte Einquartierungen mit sich brachte.

Gedenktafel in der Fischerstraße 21

Tielkehaus
Das Eckhaus 6a stammt aus der zweiten Hälfte des 16. Jahrhunderts und präsentiert eine Portalverschlussstein von 1784. Von 1784 bis 1787 wurde es vom Kartograph und Militärschriftsteller Hauptmann Johann Gottlieb Tielke (1731-1787) bewohnt, der u.a. durch seine Geschichtsdarstellungen des Siebenjährigen Krieges bekannt wurde.

Lampadiushaus
Leider wird eine Laterne am Hause Fischerstraße 6 übersehen, dabei hat sie doch für Freiberg eine besondere Bedeutung: Der einst hier wohnende Professor für Chemie und Hüttenkunde August Wilhelm Lampadius (1772-1842) brachte im Winter 1811-1812 an der Außenwand eine Gaslaterne zur Beleuchtung der Fischerstraße an. Sie war vom Februar bis März 1812 in Funktion. Das Leuchtgas gewann er in einem „Steinkohlen-Thermolampen-Ofen", der in der zweiten Etage des Hauses installiert war. So erstrahlte hier die erste Gaslaterne auf dem europäischen Kontinent, 14 Jahre früher, bevor in Berlin Unter den Linden Gaslaternen aufflammten. Das Gas diente Lampadius auch zum Heizen seines Studierzimmers. 1981 haben Vertreter der Bergakademie diese dem Original nachgebildete Laterne am Hause anbringen lassen.

Nachbildung der Ersten Gaslaterne aus dem Jahr 1811

Geschichte: Wilhelm August Lampadius

Im Auftrag des Oberberghauptmanns von Trebra richtete Lampadius Ende 1816 die erste großtechnische Gasbeleuchtungsanlage im Amalgamierwerk zu Halsbrücke ein. Sie war bis 1895 in Betrieb. Zu den zahlreichen Besuchern des Werkes, das allgemein als „Achtes Weltwunder" bezeichnet wurde, gehörte auch J.W. von Goethe.
Die Würdigung der Leistungen Lampadius´ kann nicht nur auf seine Experimente zur Gewinnung von Leuchtgas beschränkt bleiben. Er war eine überragende Forscherpersönlichkeit. Als 23-jähriger Nachfolger von C.E. Gellert legte er den Grundstein für die Entwicklung einer modernen Chemie an der Bergakademie, indem er sich in seinen Vorlesungen von der Phlogistontheorie löste und die Erkenntnisse des Chemikers Antoine Laurent Lavoisier (1743-94) zugrunde legte. Als Begründer der modernen Hüttenchemie richtete er auch das erste Hochschullabor in der Welt für analytische und präparative Arbeit der Studenten ein. Neben der erstmaligen Darstellung von Schwefelkohlenstoff arbeitete er an der Verwertung von Torf und der Gewinnung künstlicher Düngemittel, der Verarbeitung von Kakaobohnen, der Herstellung von Ölen und Firnissen und beschäftigte sich mit Kokerei und der Behandlung gefrorener Kartoffeln. Die Zahl seiner Veröffentlichungen ist enorm. Er prägt maßgeblich das Profil der wissenschaftlichen Arbeit als Einheit von Theorie und Praxis an der Bergakademie.

VOM PLATZ DER OKTOBEROPFER ZUM SCHLOSSPLATZ

Kornhaus
Die Fischerstraße schneidet die Korngasse, die vom Obermarkt zum Kornhaus verläuft. Dieses hochaufragende Gebäude mit seinem Blendnischengiebel steht auf historischem Boden und zählt zu den ältesten Gebäuden der Stadt: Als sich die Stadt einst in kaiserlicher Gewalt befand, drangen 1307 die Truppen des Markgrafen Friedrich des Freidigen bei der Wiedereroberung über die Stadtmauern an dieser Stelle ein. Um die letzte Jahrhundertwende diente das Kornhaus der Freiberger Garnison als Reithalle. Deshalb hieß ein Teil der Straße auch „Reitbahngasse".

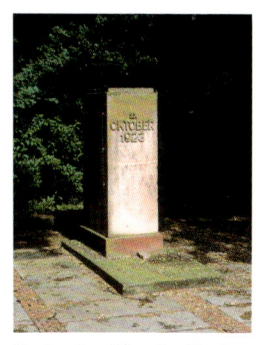

Ein Gedenkstein am Platz der Oktoberopfer
Im Schatten des Kornhauses erinnert unter einer Baumgruppe ein Gedenkstein aus Porphyrtuff an ein historisches Ereignis, welches dem Platz den Namen gab.

Geschichte: Der Blutsamstag 1923
In den schweren Tagen der Arbeitslosigkeit und Inflation kam es am 27. Oktober 1923 auf dem Postplatz während einer Demonstration zu einer blindwütigen Schießerei der Reichswehr in die Bevölkerung, bei der 29 Tote (der Jüngste, E. Schmieder war 13 Jahre alt) und 25 Verletzte unter den Demonstranten zu beklagen waren. Anlass waren Verbote, die der Militärbefehlshaber aufgrund des vom Reichspräsident Ebert (1871-1925) über Sachsen verhängten Ausnahmezustandes (einen politischen Putsch der von SPD/KPD geführten Regierung befürchtend) ausgesprochen hatte. Mit dem Einmarsch von 60 000 Soldaten der Reichswehr am 21./22. Oktober 1923 in die größeren Orte Sachsens und der Einsetzung eines Reichskommissars am 29. Oktober 1923 wurde die Regierung in Dresden zum Rücktritt gezwungen.

Denkmal am Platz der Oktoberopfer

Dieser freie Platz entstand im 17. Jahrhundert durch Abriss einiger Gebäude vor dem Erbischen Tor. Er wurde im Laufe der Jahrhunderte „Roß-Markt" (1716), „Roßplatz" (1879, „Vor dem Erbischen Tor" (1883), „Postplatz (1889) und „Bismarckplatz" (1925) genannt. 1895 hatte der Stadtrat im Grünstreifen des Postplatzes ein Bismarckdenkmal für den „Eisernen Kanzler", der auch zum Ehrenbürger der Stadt berufen wurde, errichten lassen. Es fiel 1943 der Demontage zum Opfer, man sagt, es sei zu Rüstungszwecken eingeschmolzen worden. 1945 erhielt der Platz seinen jetzigen Namen in Erinnerung an das Blutbad der Reichswehr 1923. Ein um 1954/55 an gleicher Stelle aufgestelltes Denkmal für „den Führer des Weltfriedenslagers" Generalissimus Stalin wurde schon 1957 nach Chrustschows historischer Abrechnung in einer Nacht- und Nebelaktion wieder entfernt. 1998 weihten Studenten zur Erinnerung an das alte Bismarck-Denkmal am ehemaligen Standort eine Gedenktafel ein.

So vermitteln der Platz und die Geschichte seiner Denkmale in selten eindringlicher Art ein anschauliches Bild von der Wechselhaftigkeit deutscher Geschichte im 19. und 20. Jahrhundert.

Gedenktafel zur Erinnerung an den Standort des früheren Bismarck-Denkmals

Die Postkreuzung

Im unteren Kreuzungsbereich des Platzes finden wir das Postamt (Einweihung 1889) und die Sparkasse (erbaut 1895, Sparkasse seit 1946, rekonstruiert 1993-96) mit Parkhaus.

Hornstraße

An der Hornstraße, benannt nach dem Bürgermeister Christian Siegismund Horn (1659-1736) – ihm wurde 1857 ein Brunnen gewidmet – befand sich einst das Freiberger Gaswerk. Als es zu Neujahr 1847 in Betrieb genommen wurde, war Freiberg die 20. Stadt in Deutschland und nach Leipzig und Dresden die dritte in Sachsen mit Gasversorgung. Zwei 1859 und 1874 angebaute Gasbehälter wurden 1893 zu Schwimmhallen umgebaut, vom Volksmund „Freiberger Wurstkessel" genannt.

Im Grünstreifen an der Hornstraße steht eine weitere Postmeilensäule.

Erbische Straße

Die Erbische Straße verläuft als Achse der Stadt vom ehemaligen Erbischen Tor zum Platz vor dem Schlosse Freudenstein. Seit 1389 ist die Bezeichnung Burggasse (für den nördlichen Teil) und seit 1396 Erbische Gasse (für den südlichen Teil) nachweisbar. Nachdem beide Straßenteile ab 1965 in „Karl-Marx-Straße" umbenannt waren, tragen sie seit 1992 wieder ihre seit sechs Jahrhunderten historischen Namen.

Das Erbische Tor war das Haupttor der Stadt, 1380 als porta Erlewina erstmals genannt. Von ihm führte die Straße nach Erbisdorf, 1338 als Erlwynsdorph urkundlich erwähnt. Nach alten Zeichnungen – auch Ludwig Richter hat es als Motiv gezeichnet – muss es ein stattlicher Bau gewesen sein. Im Dreißigjährigen Krieg wurde es 1639 zusammengeschossen, doch von 1670 bis 1674 wieder aufgebaut. Der Abbruch erfolgte 1846.

Auffallend ist am 1896 erbauten Eckgebäude zur Hornstraße die Darstellung eines Berg- und Hüttenmannes mit dem Freiberger Wappen und dem Symbol Schlägel und Eisen.

Gastmahl des Meeres – einst Gasthaus „Goldener Löwe" – Weberhaus

Erbische Straße Nr. 3 gehört seit 1678 zu den ältesten Gasthäusern der Stadt mit Schankberechtigung. Auf einer Tafel trägt ein Löwe in den Vorderpranken eine Schriftrolle mit dem Text: „Dieß gastl. Haus Stehet in Gottes Handt./Zum Gülden Löwen wird es genannt". Mit seinem Vater war Carl Maria von Weber von September 1800 bis März 1801 hier einquartiert. Hier schrieb er seine erste Oper „Das stumme Waldmädchen", die am 24. November 1800 am hiesigen Theater – allerdings ohne großen Erfolg – uraufgeführt wurde. Der Mittelerzgebirgische Sängerkreis widmete ihm eine Tafel zur Erinnerung. Erbische Straße Nr. 14 weist mit einem goldenen Stern als Hauszeichen auf den von 1655 bis 1910 hier stehenden gleichnamigen Gasthof hin. Zu seinen Gästen hat auch Ludwig Richter (1803-1884) gehört, wenn er Motive der Bergstadt zeichnete.

Ehemaliger Gasthof zum Goldenen Löwen Erbische Straße

Samuel-Klemm-Haus

Der „kunstreiche und weitberühmte" Goldschmied Samuel Klemm war Besitzer des frühbarocken Hauses Nr. 18. 1688 wiederaufgebaut, zeigt sein Erker Putten, Weinlaubgerank, Hasen und als Hauszeichen einen Anker. Aus der Werkstatt des Meisters Klemm stammt u.a. der im Grünen Gewölbe in Dresden ausgestellte Bergmannsschmuck des Kurfürsten Johann Georg II. (1613-1680, reg. 1656). Am 20. Juli 1670 erhielt Klemm kurfürstlichen Besuch in seiner Werkstatt. Eine Gedenktafel erinnert daran. Ein Haussegen wünscht: „Die Engel des Herrn behüten, bewahren dieses Haus; Alle, so bei Tag und Nacht hier gehen aus". 1995 erfolgte die Rekonstruktion des Hauses in alter Schönheit.

Mit seinen vielfältigen Geschäften ist der Straßenzug Erbische Straße-

Erker am Wohnhaus des Goldschmiedes Samuel Klemm, Erbische Straße

Burgstraße teilweise als Fußgängerzone gestaltet und bildet mit dem Obermarkt das Zentrum der Stadt. Doch in der Petersstraße, um die Petrikirche, in der Weingasse, in der Meißner Gasse, rings um den Untermarkt und im Nikolaiviertel sind bereits weitere Einkaufsmöglichkeiten in der Altstadt entstanden.

DIE BURGSTRASSE

Das Bergmanns-Denkmal
Seit 1913 der Bergbau im Freiberger Revier das erste Mal eingestellt wurde, erinnert ein Denkmal hinter dem Rathaus an die nahezu acht Jahrhunderte währende Bergmannsarbeit. Das Denkmal zeigt einen Bergmann in zeitgemäßer Berufskleidung, also in Bergkittel und Halbstiefel, mit Tscherpertasche (in der sich Schwamm und Feuerstein befanden), Messer und Geleucht dargestellt. Den Entwurf des Modells lieferte der einheimische Künstler Ernst Dagobert Kaltofen (1841-1922). Eine seiner bekanntesten Arbeiten ist der 1919 geschaffene Altar mit Friedensmotiven in der Taufkirche zu Langenau.
Benachbart mahnt ein Spruch über der Eingangstür des Rathauses: „Du bist ein Nichts im Ganzen, wenn du ihm nicht dienst".

Bergmannsdenkmal hinter dem Rathaus zur Schließung des Silberbergbaus

St. Annenhaus
Das spätgotische Eckhaus Enge Gasse Nr. 1, erbaut 1511, schmückt heute eine Nachbildung der 1515 geschaffenen Darstellung der Mutter Anna. Sie trägt auf ihrem rechten Arm die mit Brautkranz geschmückte Maria, und links greift der Jesusknabe nach einem von Maria gereichten Apfel: „Anna selbdritt" – Anna, Maria, Jesus. Der Name des Meisters konnte noch nicht nachgewiesen werden. Das wertvolle Original, über Jahrhunderte Umweltbelastungen ausgesetzt, befindet sich leihweise in der Annenkapelle. Interessant sind die Fenster: zur Engen Gasse ein spitzbogiges Fenster, zur Burgstraße Rechteckfenster mit Stabwerk.

Anna Selbdritt am Eckhaus Enge Gasse 1

Renaissanceerker-Haus
An der Kreuzung zum Obermarkt fällt der Blick des Besuchers auf den Giebel des Patrizierhauses Burgstraße 5 mit seinem farbigen manieristischen Eckerker, der

über zwei Stockwerke führt. Er wurde 1616 bis 1618 von Landbaumeister Simon Hoffmann geschaffen und zählt zu den imposantesten Freiberger Bürgerhäusern der Spätrenaissance. Den Bauauftrag hatte der Ratsherr Johann Lindner erteilt.

Alexander-von-Humboldt-Haus
Im gegenüberliegenden Haus Weingasse 2, „im Eckzimmer der Beletage", wohnte von Juni 1791 bis Februar 1792 Alexander von Humboldt (1769-1859). Humboldt lebte als Gast bei der Familie Carl Friedrich Freiesleben (1750-1805), der als Oberstollnfaktor tätig war. Mit dessen Neffen Johann Carl Freiesleben (1774-1846), als Student immatrikuliert unter Nummer 336, verband ihn eine lebenslange Freundschaft. Sie fuhren gemeinsam in die Gruben ein, registrierten unterirdisch wachsende Pflanzen und maßen die Temperaturen in verschiedenen Tiefen. 1995 wurde ihnen am ehemaligen Kuhschacht – heute Wernerplatz – ein Denkmal geweiht.

Renaissance-Eckerker am Haus Burgstraße 5

Im repräsentativen Wohn- und Geschäftshaus Nr. 7 ist seit 1651 die 1595 gegründete Apotheke „Zum Goldenen Löwen" ansässig, die zweitälteste der Stadt. Im Flur der Apotheke ist zu lesen: „Ein großer Teil dieser Häuser ist an dem Jubelfeste Dr. Martin Luthers errichtet worden, in dem Jahre, in welchem die Gemeinde frohe Jubellieder anstimmte 1617".

Novalishaus
Das Nachbarhaus Nr. 9 war das Wohnhaus des Berghauptmanns Johann Friedrich Wilhelm von Charpentier (1738-1805), der an der Bergakademie auch Vorlesungen im „geometrischen Zeichencolleg" und in Mathematik hielt.

Geschichte: Friedrich Freiherr von Hardenberg – Novalis
In Charpentiers gastfreundlicher Wohnung weilte Friedrich Freiherr von Hardenberg (1772-1801) während seines Studiums in den Jahren 1797-1799 (Matrikelnummer 493) oft als Gast. Dieser bedeutende Dichter der deutschen Romantik, der sich „Novalis" nannte, hat in seinen Romanen „Die Lehrlinge zu Sais" und „Heinrich von Ofterdingen" seinem verehrten Lehrer Werner ein literarisches Denkmal gesetzt. Auch lässt er einen Jüngling die „blaue Blume" suchen, die

Stadt- und Bergbaumuseum im ehemaligen Domherrenhof

zum Symbol der Romantik wurde. Als Bergstudent hat er seine Arbeit unter Tage gewissenhaft ausgeübt. Novalis war verlobt mit Julie Charpentier (1776-1811), ist aber noch vor der Hochzeit verstorben. Eine Gedenktafel würdigt ihn.

Hier auf der Burgstraße rollt der **Silberling**, den das Büro von Michael Stapf, Chemnitz, entworfen hat. Wird das Rad in Bewegung gesetzt, rollt der Silberling durch die Gassen der Stadt. Ein Wasser-Wind-Spiel-Brunnen unterstützt die Spielfreude der Passanten.

Einst Fabrik für leonische Waren
An historischen Gebäuden fällt der Hauskomplex Burgstraße 22 an der Ecke Thielestraße auf, der als erster Fabrikbau der Stadt gilt. Für die von Thomas Weber 1693 (geb. 1663) im Hause Obermarkt 17 gegründete Fabrik „Leonische Waren" fanden sich hier im Neubau genügend Produktionsräume. Unter leonischen Waren versteht man Produkte, deren Bezeichnung auf die spanische Provinz Leon zurückgeht, wo Mönche im Mittelalter aus feinsten Gold- und Silberfäden Altardecken und Messgewänder anfertigten. Später nahm man feinste Drähte aus Kupfer, die mit Gold oder Silber hauchdünn überzogen zu Metallgespinsten, Stickereien, Tressen, Borten, Klöpppelspitzen usw. verarbeitet wurden. Die Kaufmannsfamilie Thiele führte jahrzehntelang erfolgreich die Gold- und Silbermanufaktur. Später hat die Firma ihre Produktionsräume an die Berthelsdorfer Straße verlegt. Auch in der Marktwirtschaft hat sich die Firma Thiele und Steinert ein solides Standbein erworben und ist als Freibergs älteste Manufaktur „noch immer auf Draht".

Der Kunsthandwerkerhof „Goldener Adler"
Im Haus Nr. 19, dem einstigen Gasthof „Goldener Adler", betrieb der Wirt von 1693 bis 1708 die Postmeisterei. Karl Christian Gärtner (1712-1791), Sohn des Postmeisters David Gärtner, wurde als Dichter der Aufklärung bekannt und lehrte am Carolinum in Braunschweig.
Seit 1999 befindet sich im rekonstruierten Gebäude ein Kunsthandwerkerhof mit Zunftstube. Zinngießer, Blaudrucker, Porzellanmaler und weitere Handwerker stellen ihr Gewerbe vor. Räume für Textil- und Volkskunst beleben das Gebäude. Im Erdgeschoss wurden interessante Wappendarstellungen freigelegt.

Brendelhaus
Eine schlichte Gedenktafel weist am Hause Nr. 21 auf die Wohnung Christian Friedrich Brendels (1776-1861) hin. Brendel, ein genialer Techniker, war von 1811 an als Kunstmeister im Freiberger Revier und seit 1817 als Maschinendirektor im hiesigen Oberbergamt für das erzgebirgische Bergwesen tätig. Zu seinem Verantwortungsbereich gehörten alle Neuentwicklungen im Erz- und Steinkohlenbergbau. Er selbst konstruierte neben der ersten Dampfmaschine für den sächsischen Bergbau auch Wassersäulenmaschinen und Hüttengebläse. Das von ihm entworfene „Schwarzenberggebläse" steht seit 1936 als technisches Denkmal auf der Grube Alte Elisabeth. Brendel hat 1829 die erste Eisenschienenbahn in Sachsen bauen lassen.

Die Burgstraße zum Schloss Freudenstein

DER SCHLOSSPLATZ

Schloss Freudenstein
Vor dem wappengeschmückten Hauptportal des Schlosses führt eine Steinbrücke über den Schlossgraben. Vorläufer des heutigen Schlosses war die 1171 bis 1175 zum Schutz der Bergbausiedlung durch Markgraf Otto errichtete Burg. Jüngste Ausgrabungen stießen auf Mauern des ersten Bergfriedes. Von 1503 bis 1539 residierte Heinrich der Fromme im Schloss, in dem sich auch das Silberbrennhaus und von 1244 bis 1556 die kurfürstliche Münze befand. Hier wurden auch Heinrichs Söhne Moritz und August geboren. Kurfürst August ließ 1565 die baufälligen Gebäude abbrechen und von 1566 bis 1579 durch die Baumeister H. Irmisch und A. Lorenz das heutige Renaissanceschloss bauen.

Geschichte: Peter I. zu Gast in Freiberg
Als besonderen Gast des Landesherrn beherbergte es den russischen Zaren Peter I. (1672-1725), der vom 21. bis 23. September und vom 17. bis 19. Oktober 1711 hier weilte. 2000 Knappen boten ihm mit Fackeln einen festlichen Bergaufzug und überreichten hölzerne Tröge mit Silbererzen und anderen Mineralien. Beim zweiten Besuch fuhr er auf dem Berggebäude „König August Erbstolln" zu Niederschöna ein, arbeitete vor Ort mit Schlägel und Eisen und gewann einige Erzstufen. Der Zar spendierte den Freiberger Knappen zehn Fässer Wein zu je 50 Taler, die sie auf seine Gesundheit leerten.

Schloss Freudenstein

Bereits im Siebenjährigen Krieg (1756/63) wurde das Schloss in Mitleidenschaft gezogen, von 1784 bis 1805 zu einem Militärmagazin umgebaut, später als Speicherbau genutzt. Ab 1990 befand es sich im Besitz des Freistaates Sachsen. Im Dezember 2003 beschloss der Stadtrat, Schloss Freudenstein zu erwerben.

Der richtige Verwendungszweck war bald gefunden. Sachsens Ministerpräsident Milbrad, Freibergs Oberbürgermeisterin Uta Rensch und Rektor Georg Unland übergaben am 23. Oktober 2008 den Nutzern den berühmten Schlüssel. Zu den Nutzern zählen die Gastronomische Einrichtung „Genuss im Schloss", die Mineralienausstellung „terra mineralia" und das Sächsische Staatsarchiv – Bergarchiv Freiberg, Oberbürgermeister Schramm formulierte in seiner Ansprache, „ ... dass es diese mineralogische Weltreise in dieser Form nur in Freiberg gibt."

terra mineralia
Deshalb wirbt ein Flyer mit Recht: „Folgen Sie der Spur der Steine durch fünf Kontinente und lassen Sie sich vom Farben- und Formenreichtum der schönsten Exponate in der Schatzkammer überwältigen. Bei Expeditionen erfahren Sie nebenbei,

wie Minerale den Alltag bestimmen und unsere Kultur und Technik verändern."

Kaum ein Besucher Freibergs widersteht der Einladung zu dieser mineralogischen Reise um die Welt. Mehr als 5000 Minerale, Edelsteine und Meteoriten werden auf 5 Ebenen des Gebäudes dargestellt. Ebene 5 zeigt Minerale von Amerika und die sog. Aussichtsplattform. Minerale von Asien und Australien befinden sich auf Ebene 4, von Afrika und Eurasien auf Ebene 3, Afrika auf Ebene 2. Auf Ebene 4 gibt es in einem abgedunkelten Raum das Erlebnis, dass Minerale mit UV-Licht bestrahlt werden und unerwartet wunderschöne Farben entstehen. Auf Ebene 1 finden wir die Schatzkammer mit den wohl beeindruckendsten Großstufen und Edelsteinen. Und besonders bewundernswert ist die Sammlung der Meteorite, den Wanderern aus dem Weltall. Kräftige Holzbalken des ehemaligen Getreidespeichers verleihen den Ausstellungssälen ein rustikales Aussehen. Die Ebenen sind durch einen Fahrstuhl und durch Treppen miteinander verbunden.
Bis Juli 2009 besuchten 150 000 Gäste die Sammlungen.
Die Minerale verdankt Freiberg Frau Erika Pohl-Ströher aus der Schweiz. Durch seinerzeitige Kontakte mit Rektor Unland stellte die engagierte Mineraliensammlerin Freiberg diesen Teil ihrer Sammlungen zur Verfügung. Einige Monate vorher gab sie über 700 Exponate erzgebirgischer Volkskunst als Dauerleihgabe nach Annaberg.

Schatzkammer in der „terra mineralia"

„terra mineralia"

Schatzkammer „terra mineralia"

Im Ostflügel des Schlosses ist auch das Sächsische Staatsarchiv – Bergarchiv Freiberg – untergebracht. nachdem es ab 1679 in der Freiberger Kirchgasse gelagert war und 4 000 m Akten, 65 000 Risse, Karten und Pläne, 19 000 Bücher und 26 000 Fotos beherbergte. Ältestes Dokument ist ein Gerichtsurteil, ein sogenannter Schöppenstuhlspruch von 1477. Als ein Archiv der Superlative bietet es heute unter der Leitung von Dr. Hoheisel mit den freundlichen Helfern Forschern aller Art beste Arbeitsbedingungen.

Das Silbermannhaus

Die Ostseite des Schlossplatzes füllt zwischen Kirchgasse und Brennhausstraße ein dreigeschossiges Haus mit einem zweietagigen Walmdach aus. Einst hatte hier die Schlosswache ihren Sitz und war deshalb als „Reiterhaus" oder „Regimentswache" bekannt.

In diesem Hause richtete 1711 der am 14. Januar 1683 in Kleinbobritzsch bei Frauenstein geborene Gottfried Silbermann seine Orgelwerkstatt ein. In Straßburg hatte er bei seinem Bruder Andreas (1678-1734) das Orgelbauhandwerk erlernt und war als Meister freigesprochen worden. Straßburg und Freiberg teilen sich heute den Ruhm, je eine Silbermannwerkstatt in ihren Mauern beherbergt zu haben. Im rekonstruierten Gebäude hat die „Silbermann-Gesellschaft", die das Erbe des Meisters pflegt, ihren Sitz.

Geschichte: Gottfried Silbermann

Als „Königlich-Polnischer und Churfürstlich-Sächsischer Hoff- und Land-Orgelbauer" fertigte Silbermann 44 Orgeln an, von denen Freiberg allein vier besitzt: zwei im Dom (die große 1714 erbaut und die 1719 für die Kirche St. Johannis erbaute, sie wurde 1939 in den Dom überführt) und je eine in den Kirchen St. Petri (1734) und St. Jakobi (1718). 31 seiner Orgeln sind bis heute erhalten, u.a. besitzen auch die benachbarten Dorfkirchen in Forchheim, Frankenstein, Großhartmannsdorf, Helbingsdorf, Hilbersdorf, Nassau, Niederschöna, Oberbobritzsch und Pfaffroda Silbermann-Orgeln.

Am Fortunabrunnen stellte Bernd Göbel auch das Porträt von Gottfried Silbermann dar.

Berufungen ins Ausland, so nach St. Petersburg und Kopenhagen, lehnte Silbermann ab: Er wollte „sein Vaterland vorziehen und seinen Aufenthalt in Freiberg behalten". Er starb am 4. August 1753 während der Arbeit an der Orgel für die Katholische Hofkirche in Dresden. Er erhielt seine letzte Ruhestätte auf dem Johannes-Friedhof zu Dresden. Das Grab ist nicht mehr erhalten.

Im ersten Stockwerk des Hauses hat die Abteilung Stadtmarketing Freiberg GmbH ihren Sitz.

Das ehemalige Dominikanerkloster
Die dem Schloss gegenüberliegende Häuserreihe war einst auch die Begrenzung des Dominikanerklosters, welches um 1233 erstmals urkundlich erwähnt wurde. Der Lesemeister des Klosters Dietrich von Freiberg (um 1240 - um 1311, Leiter der Ordensprovinz Deutschland der Dominikaner, Professor an der Sorbonne in Paris, Autor zahlreicher Bücher) entwarf die erste Regenbogentheorie. Der Minnesänger Heinrich von Freiberg (er vervollständigte nach dem Tode Hartmanns von Aue um 1285/90 das mittelhochdeutsche Versepos Tristan und Isolde) hat frühzeitig bedeutende Beiträge zur deutschen Kulturgeschichte geleistet.

Der Klosterbereich erstreckte sich bis zur heutigen Prüferstraße (benannt nach dem Kaufmann Johann Friedrich August Prüfer, gest. 1864 in Leipzig) und umfasste eine Kirche, ein Wohngebäude für die Mönche, ein Backhaus, eine Brauerei und einen Garten. Das im Kloster benötigte Wasser wurde durch eine spezielle Leitung aus den Waldgrundstücken des Johannishospitals zugeführt. Stadtbrände von 1375, 1386, 1471 und 1484 haben die Einrichtungen mehrfach zerstört. Die zurückreichende Häuserfront an der Nordseite der Prüferstraße markiert noch heute die Lage und Größe der Klosterkirche.

Das Haus Schlossplatz Nr. 1 beherbergte von 1937 bis 1980/82 das Sächsische Geologische Landesamt und seine Nachfolgeeinrichtungen „Geologischer Dienst" und „VEB Geologische Forschung und Erkundung". Hier war die Wirkungsstätte des Geologen Kurt Pietzsch (1884-1964).

Heute (Stand: Sommer 2009) spricht man vom Schlossplatzquartier, das sich als Wissenschaftskorridor von hier bis zum Campus ziehen wird. Das neue komplexe Gebäude soll die Fakultät Wirtschaftswissenschaften mit Hörsaal und Seminarräumen und das Internationale Universitätszentrum „Alexander von Humboldt" beherbergen.

Das Gebäude an der Nordseite des Schlossplatzes wird als ehemaliges Amtshaus die Mineralogische Stiftung Deutschland enthalten. Der Umbau dieses Krüger-Haus genannten Gebäudes wird von Frau Erika Krüger unterstützt.
Damit verfügt Freiberg über drei Mineralogische Stätten: Neben der terra mineralia im Schloss, der Deutschland-Stiftung im Krüger-Haus existiert natürlich noch die berühmte Werner-Sammlung der Bergakademie im Abraham-Gottlob-Werner Bau.
In interessanten Darlegungen berichteten Freiberger Wissenschaftler und Techniker über ein Pilotprojekt zur Nutzung von Erdwärme zur Klimatisierung des Schlosses – vor Jahren bereits zur Nutzung im Krankenhaus installiert. Grubenwässer wurden schon früher auch als Brauchwasser für Gerberei und Wäscherei der Firma Steyer genutzt.
Jetzt ist das Projekt für das Schloss verwirklicht. In einem 350 m langen Abschnitt des Alten und Tiefen Fürstenstollns wird Grubenwasser im Bereich der Geschwis-

ter-Scholl-Straße und der Gerberpassage in 50 m Tiefe angestaut. Die konstante Wassertemperatur von 10 Grad wird in einem Kreislauf für kühlere Temperaturen oder mittels Wärmepumpen für steigende Grade im Schloss genutzt.

Freiberg pflegt Traditionen
Am Rande des Schlossplatzes ist ein Denkmal den Freiberger Turnern, Studenten und Bergleuten gewidmet, die in den revolutionären Maitagen des Jahres 1849 zum Barrikadenkampf nach Dresden marschierten (Bildhauer G. Kohl). Der Freiberger Amtmann Otto Leonhard Heubner (1812-93) war Mitglied der Provisorischen Regierung.

Das Clemens-Winkler-Denkmal

In den Parkanlagen befinden sich Denkmale für die Professoren **Clemens Winkler** und **Abraham Gottlob Werner**. Das Werner-Denkmal wurde am 30. Juni 1851 enthüllt, die Büste stammt von Ernst Rietschel (1804-61), gestiftet von Graf Detlev von Einsiedel (1773-1861), der Sockel von E. Heuchler, gestiftet von Leopold von Buch. In der Gestaltung der Anlage wird u.a. mit den das Denkmal umrahmenden Basalten, verschiedenen Gneisen, kristallinen Kalksteinen (Marmoren) und Quarziten an den seinerzeitigen wissenschaftlichen Streit der Neptunisten und Plutonisten erinnert.

Denkmal für A. G. Werner

Das Winkler-Denkmal (von Prof. Carl Seffner), Erstenthüllung am 8. Oktober 1910 auf dem Schlossplatz, wurde nach erfolgter Restauration mit italienischem Marmor in alter Schönheit nun an seinem dritten Standort in den Parkanlagen aufgestellt. Das Oberteil trägt wieder das Medaillon des Entdeckers des Elements Germanium und im unteren Teil zeigt eine allegorische Darstellung, wie Mutter Wissenschaft ihre Kinder an die Chemie heranführt.

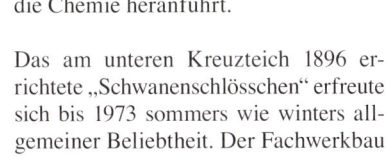

Das am unteren Kreuzteich 1896 errichtete „Schwanenschlösschen" erfreute sich bis 1973 sommers wie winters allgemeiner Beliebtheit. Der Fachwerkbau

Gaststätte Schwanenschlösschen am unteren Kreuzteich

spiegelte sich romantisch im Kreuzteich und hob sich vor der eintönigen Schlosssilhouette ab. Der Wirt verwaltete Boote für den Gondelbetrieb und betreute im Winter die Eisbahn. Ab Ostern 1897 ließ der Pächter sogar ein 2-PS-Motorboot über den Kreuzteich tuckern. Seit Mai 2002 lädt der Neubau erneut die Besucher zur Einkehr ein.

Das ehemalige Kreuztor
Den Zugang zum Schlossplatz sicherte einst das zwischen den Kreuzteichen gelegene Roßweiner Tor, 1291 „Porta Ruswinensis", später „Kreuztor" genannt. Eine Kapelle „Zum Heiligen Kreuz" hat um 1331 einigen der einst zehn Teiche ihre Bezeichnung gegeben. Heute sind noch vier vorhanden. Das Tor wurde 1816 abgetragen. Ein 1850 nach einem Entwurf von E. Heuchler errichteter Kreuzbrunnen wurde wieder repariert.

Wallstraße
Vom ehemaligen Roßweiner Tor verläuft die Wallstraße zum Peterstor. Sie verdeutlicht in diesem Bereich den einstigen Verlauf der mit Türmen und Erkern bewehrten dreifachen Stadtmauer, die außerdem von einem Wassergraben und den vorgelagerten Teichen als erster Schutzzone gesichert war. Zwischen den fünf Stadttoren standen 39 Türme rings um die Altstadt. Im ältesten Stadtplan Freibergs aus dem Jahre 1554, erschienen in Sebastian Münsters (1488-1558) „Cosmographia universa" 1572, ist diese Anlage gut erkennbar. In Kriegszeiten wurden die Bürgerschützen der Handwerkerinnungen auf die Türme verteilt: Fleischer, Leineweber, Tischler, Kürschner, Tuchmacher, Stellmacher, Tuchscherer, Messerschmiede, Schuster, Bäcker, Schmiede, Schneider, Barbiere, Zimmerleute, Maurer, Riemer, Töpfer, Beutler, Sattler, Seiler, Böttcher und natürlich Bergleute verteidigten die Stadt jeweils bei „ihrem" Turm. Diese von Kurfürst Moritz 1545 angeordnete exakte Organisation bewährte sich besonders bei der Verteidigung der Stadt gegen die Schweden.

Die Nonnengasse
Die Straße erhielt ihren Namen vor 1420 nach dem Wohnhaus der Sepulturnonnen, im Volksmund „Polternonnen" genannt. Sie waren Beginen, welche – „ohne der Welt gänzlich zu entsagen" – sich den Regeln eines Ordens unterworfen hatten und sich der Krankenpflege und der Leichenbesorgung widmeten.

Geschichte: Der Stadtbrand 1484
Am 19. Juni 1484 brach bei einem Kupferschmied in der Nonnengasse ein verheerendes Großfeuer aus. Nicht nur das Viertel mit dem Kloster, sondern alle Häuser am Untermarkt und die Nikolaikirche fielen den Flammen zum Opfer, der Dom brannte aus, und bis zum Obermarkt und zur Petrikirche wütete das Feuer. Der Chronist Möller schrieb, es habe „keine Rettung mehr helfen wollen". In gerade drei Stunden war die Stadt in Schutt und Asche versunken. Nur wenige Häuser in der Meißner Gasse sowie einige Straßenzüge in der Sächsstadt mit dem

Jungfrauenkloster und der ältesten Kirche Freibergs, St. Jakobi, waren verschont geblieben. Elf Menschen kamen in den Flammen um. Doch schon bald entstanden durch Bürgerfleiß die Häuserreihen aufs Neue.

Helmerthaus

Am Hause Nonnengasse 17 erinnert eine Gedenktafel daran, dass hier Friedrich Robert Helmert am 31. März 1843 geboren wurde. Er besuchte die Freiberger Knabenbürgerschule und studierte später Ingenieurwissenschaften. Als Mitarbeiter am Lehrstuhl für Geodäsie der Polytechnischen Schule Dresden (später Technische Hochschule) war er maßgeblich an der Errichtung des Triangulationsnetzes in Sachsen beteiligt. Nach dem Studium und der Promotion in Leipzig wurde er 1870 zum Professor für Geodäsie an die Polytechnische Schule in Aachen berufen. Seit 1887 war Helmert Direktor des Geodätischen Institutes in Berlin und Leiter des Zentralbüros der Internationalen Erdmessung. Am 15. Juni 1917 verstarb dieser berühmte Sohn Freibergs in Potsdam. Bekannt wurde er als „Begründer von Theorien zur Erforschung der Erdfigur".

Wallstraße und Ecke zur Nonnengasse

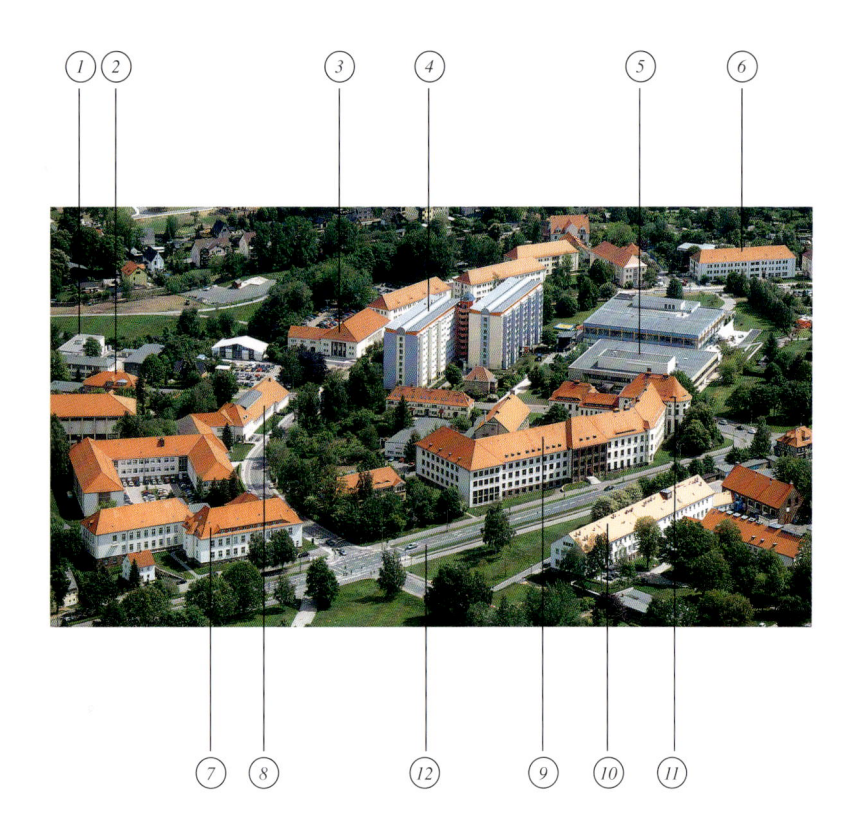

Campus der Technischen Universität Bergakademie

1. Werner-Arnold-Bau
2. Haus Silikattechnik
3. Auditorium maximum
4. Internate
5. Mensa und Bibliothek
6. Internate Winklerstraße
7. Ledebur-Bau
8. Julius-Weisbach-Bau
9. Erich-Rammler-Bau
10. Gellert-Bau
11. Karl-Kegel-Bau
12. Leipziger Straße

TECHNISCHE UNIVERSITÄT BERGAKADEMIE FREIBERG

Eine Hochschule mit Tradition und eine Universität mit Zukunft.

Mit ihrem Gründungsjahr 1765 ist die Bergakademie Freiberg die älteste montanwissenschaftliche Hochschule der Welt und die traditionsreichste der vier Universitäten des Freistaates Sachsen. Herausragende wissenschaftliche Persönlichkeiten begründeten ihren Weltruf. 1992 erhielt die Bergakademie Freiberg den Status einer Technischen Universität.

Die Pressestelle der TU BA informiert (Stand WS 2009/10): Die TU Bergakademie Freiberg betreibt bis heute erfolgreich das, wofür sie 1765 gegründet wurde: praxisnahe Ausbildung und Forschung, die sich an den Fragen der Wirtschaft und Gesellschaft orientiert. Die Universität verfügt über ein klares Profil mit den vier Kernfeldern *Geo, Energie,Umwelt und Material*.
Zum Bereich **Geo** gehört die Rohstofferkundung und -gewinnung, zum Bereich **Energie** die Erforschung von Energieträgern und Energietechnik, zum Bereich **Umwelt** die Umweltverfahrenstechnik, die Optimierung von Stoffkreisläufen und die Recyclingtechnik und zum Bereich **Material** die aktuelle Forschung zu Hochleistungskeramiken und Leichtbaustoffe und die chemische Synthese anorganischer Ausgangsmaterialien. Damit konnten nur wenige Forschungsthemen genannt werden.

Als Campusuniversität besitzt die Bergakademie Freiberg eine übersichtliche Struktur mit sechs Fakultäten und einem Interdisziplinären Ökologischen Zentrum(IÖZ). Studenten wählen an der TU Bergakademie zwischen 36 gebührenfreien Studiengängen. Davon sind 20 Bachelor- und 5 Diplom-Studiengänge für Studienanfänger, 11 davon sind Master-Studiengänge, welche auf einem Bachelor-Abschluss aufbauen. Die Studiengebiete sind: Mathematik, und Naturwissenschaften, Geowissenschaften und Geoingenieurwesen, Ingenieurwissenschaften und Wirtschaftswissenschaften.

Die TU Bergakademie Freiberg gehört im Bereich der Drittmitteleinnahmen pro Professor zu den stärksten zehn Forschungsuniversitäten in Deutschland. Am 15. November 2002 wurde die Stiftung „Technische Universität Bergakademie Freiberg" gegründet. Diese unterstützt die persönliche Absicherung der Lehre und Forschung und gewinnt Spezialisten aus der Industrie und Wirtschaft des In- und Auslandes zur weiteren profilbildenden Ausrichtung der Lehre und zur Vertiefung der Forschungskooperationen. Des Weiteren wurde am 14. Dezember 2006 die Krügerstiftung gegründet. Durch sie wird die wissenschaftliche Infrastruktur verbessert und der wissenschaftliche Nachwuchs gefördert.
Das Interesse der Industrie an Freiberger Absolventen ist dank der hohen Qualität von Lehre und Forschung anhaltend groß. Die 4850 Studierenden (Stand 1.12.2008) genießen hervorragende Studienbedingungen. Sie bescheinigen dies

ihrer Alma Mater regelmäßig in bundesweit durchgeführten Umfragen. Das Kölner Beratungsunternehmen Universum Communications ermittelte zwischen November 2008 und März 2009, dass die zufriedensten Studierenden an einer Staatlichen Universität in Freiberg lernen. Die Zahl der Neueinschreibungen steigt kontinuierlich. Im Wintersemester 2008/09 waren es 1162, im Jahr zuvor 1095. Rektor Prof. Dr. Bernd Meyer kann mit seinem Stab über das Ergebnis zufrieden sein.

Im gleichen Zeitraum waren 33% der Studierenden Frauen und 7,7% Ausländer. Über 50 Prozent der Studenten belegen ingenieurwissenschaftliche Studiengänge.

Die Dr. Erich Krüger Stiftung

Am 14. Dezember 2006 wurde zur Überraschung der Technischen Universität Bergakademie Freiberg die „Dr. Erich Krüger Stiftung" gegründet. Initiator war Peter Krüger (1924-2008), der seinem Vater Erich Krüger (1885-1968) damit ein Denkmal setzte. Peter Krüger stellte mehrere Millionen Euro der Bergakademie zur Verfügung, um damit ein „Krüger-Forschungskolleg" zu gründen. Erich Krüger besuchte das Gymnasium Albertinum in Freiberg und studierte an der Bergakademie. Als Gymnasiallehrer für Biologie und Chemie erhielt er 1941 eine Forschungsstelle für Rauchschäden an der Bergakademie. Damit kann er als einer der ersten Umweltschützer bezeichnet und die Bergakademie als erste Hochschule in Deutschland hervorgehoben werden, der Schutz der Umwelt eine Forschungseinrichtung wert war. Nach Entlassung aus einem Internierungslager bot ihm Rektor Leutwein eine Stelle als wissenschaftlicher Mitarbeiter in der Abteilung Fernstudium an. Er verstarb 1968 in Homburg/ Saar.

Sein Sohn Peter, ebenfalls Schüler am „Gymnasium Albertinum" Freiberg, konnte aus politischen Gründen das 1946 an der Bergakademie begonnene Studium nicht fortsetzen und erwarb den Hochschulabschluss an der TH Karlsruhe. Dann gelang es ihm im Baugewerbe, mit Delikatessgeschäften und im Immobiliengeschäft ein beachtliches Vermögen zu erwerben, von dem er gern – zu Ehren seines Vaters – seine alte Uni unterstützte. Er erlebte noch die Ernennung zum Ehrensenator der Bergakademie, die Verleihung der Ehrendoktorwürde schon nicht mehr. Er verstarb 2007 nach einer Herzoperation in München.

Richtfest am „Krüger-Haus" – Zimmerer Holger Lange, Prof. Georg Unland, Erika Krüger, Rektor Bernd Meyer, OB Bernd-Erwin Schramm und Prof. Gerhard Heide

Seine Frau Erika setzt sein Bestreben fort, die Forschung an der TU Bergakademie im „Freiberger Hochdruck-Forschungszentrum" zu unterstützen. Sie verfolgt den Ausbau des alten Amtshauses am Schlossplatz zum Krüger-Haus mit großer Unterstützung.

Das Gründungsgebäude der Bergakademie

Das Haus Akademiestraße 6 beherbergt als Hauptgebäude der TU Bergakademie das Rektorat und weitere Diensträume. Hier begann Ostern 1766 (wohl am 1. April) der Lehrbetrieb der damals „Chursächsischen Bergakademie". Am 13. November 1765 hatte der sächsische Prinzregent und Administrator Xaver (1730-1806), für den unmündigen Kurfürsten Friedrich August III. (1750-1827), dem von Generalbergkommissar Friedrich Anton von Heynitz (1725-1802) und Oberberghauptmann Friedrich Wilhelm von Oppel (1710-1769) ausgearbeiteten Plan zur Gründung einer Bergakademie zugestimmt. Von Oppel bestimmte sein Haus zum Sitz der Akademie und stellte drei Räume im Erdgeschoss zur Verfügung: als Hörsaal, zur Aufnahme der Mineraliensammlung und der Bibliothek. Die ersten Vorlesungen erfolgten im mathematischen und chemischen Colleg. Von 1784 bis zu seinem Tode bewohnte der berühmteste Hochschullehrer Freibergs, Abraham Gottlob Werner (1749-1817), der Begründer der geologischen Wissenschaften, den ersten Stock. 1792 ging das Gebäude in den Besitz der Bergakademie über, 1855 wurde es unter Leitung von Professor E. Heuchler umgebaut und um ein Stockwerk erhöht.

Gründungsgebäude der TU Bergakademie

Historisches Kabinett und Karzer

Alle Gebäude dieses Hauskomplexes im Geviert Nonnengasse und Prüferstraße gehören zur Bergakademie. Nonnengasse 22 beherbergte bis zum Bau der Bibliothek „Georgius Agricola" von 1818 bis 1979 die Hochschulbücherei. Heute befindet sich hier der Senatssaal und das Historische Kabinett der Bergakademie. Dank ihrer nahezu 250-jährigen Geschichte verfügt die Bergakademie über weltweit einmalige historische, wissenschaftliche Sammlungen und Einrichtungen. In verschiedenen Räumen wird die Vorgeschichte und die Entwicklung dieser ältesten montanwissenschaftlichen Hochschule der Welt dargestellt. Unter dem Dach kann der restaurierte Karzer besucht werden. An seinen Wänden hinterließen Studenten, die noch im vorigen Jahrhundert wegen Ordnungswidrigkeiten kurzzeitig in Gewahrsam gehalten wurden, ihre Bemerkungen.

Restaurierter Karzer

Im Hause Prüferstraße 9 war von 1893 bis 1919 die Bergschule Freiberg untergebracht. Bereits 1776 als „Bergmännische Zeichen- und Rechenschule" gegründet, bildeten Professoren der Akademie und berufene Lehrer bis 1924 mittleres technisches Personal aus.

Der Senat ehrt Wissenschaftler
Am Hauptgebäude würdigen Gedenktafeln die Verdienste der Gründer F. A. Heynitz und F. W. von Oppel, der Professoren A. G. Werner (Begründer der geologischen Wissenschaften), J. L. Weisbach (Mitbegründer des Wissenschaftsgebietes Technische Mechanik und Begründer des modernen Markscheidewesens), G. A. Zeuner (Reformer der Bergakademie und Lehrer für Bergmaschinenlehre) und Leopold von Buch (berühmter Schüler Werners und Geologe).

Rektor Bernd Meyer zur A. v. Humboldt-Ehrung 2009 vor dem Bild A. G. Werner

Geschichte: Abraham Gottlob Werner

Abraham Gottlob Werner wurde 25. September 1749 in Wehrau am Queis/Polen geboren. Als 20-jähriger studierte er in Freiberg Mathematik, Bergbauzeichnen, Chemie und Probierkunde, Bergbau, Markscheidekunde und vor allem Mineralogie. Nach einem Studium von Rechtswissenschaften, Philosophie und neuen Sprachen an der Universität Leipzig berief ihn Berghauptmann Eugen Pabst von Ohain als Inspektor und Lehrer an seine frühere Ausbildungsstätte. In seinen Vorlesungen über Mineralogie, Geologie und Eisenhüttenkunde legte er die Grundlagen dar, aus denen sich diese Fächer zu selbständigen Wissenschaften entwickeln konnten. Werner gilt „als Vater der wissenschaftlichen Mineralogie". Zwar wurde seine „neptunistische Theorie" in ihrer Gesamtheit sogar von seinen Studenten widerlegt, aber sie entfachte einen wissenschaftlichen Meinungsstreit, der zu jener Zeit dringend nötig war. Zu seinen Bekannten zählte auch Goethe. Werner, der berühmteste Professor der damaligen kurfürstlichen sächsischen Bergakademie, verstarb am 30. Juni 1817 in Dresden.

Weitere Wissenschaftler der Bergakademie werden mit Gedenktafeln für ihre Leistungen an ihren Wirkungsstätten oder Wohnhäusern geehrt. Als Beispiel seien die Tafeln zur Ehrung von Erich Rammler (1901-1986) genannt: am Rammler-Bau an der Leipziger Straße, am Institut auf der Grube Reiche Zeche und am Hause Richard-Wagner-Straße 12. Er lehrte als Nachfolger von Karl Kegel von 1949 bis

1966 an der Bergakademie Wärmewirtschaft, Brennstofftechnik und Brikettierung. Mit Professor Georg Bilkenroth (1898-1982) entwickelte E. Rammler ein Verfahren zur Gewinnung von Braunkohlen-Hochtemperaturkoks, mit dem in der DDR der Mangel an Steinkohlenkoks ausgeglichen werden konnte. Die Braunkohlekokerei Lauchhammer arbeitete ab 1952 nach diesem Verfahren.

Das Hochschulgelände
Das Hochschulgelände der Bergakademie hat sich vorrangig längs und parallel der Leipziger Straße bis zur Winklerstraße ausgedehnt. Neben Neubauten von Instituten für die Braunkohlenforschung (1928), für Maschinenkunde (1952), Chemie (1954), Metallhüttenkunde (1955), Tagebaukunde, Eisenhüttenkunde (1956), Gas, Geologie (1958), Bergmaschinenbau (1959), Formgebung (1960), Brikettierung (1961), Mathematik (1961), Geophysik (1963) und Metallkunde (1963) entstanden im Campus auch 1980 die heutige Universitätsbibliothek „Georgius Agricola", die Mensa und Studentenheime.

Die TU Bergakademie Freiberg verfügt für die Lehre über 24 Hörsäle, 50 Seminarräume, 14 Computerpoolräume, 6 Übungszimmer mit Laborausstattung, 2 Praktikumsräume, 2 Sprachlabore und 2 Fachkabinette für die Mess- und Sensortechnik.

Die Winkler-Gedenkstätte im Hause Brennhausgasse 5
Als sich 1986 die Entdeckung des Elements Germanium durch den Freiberger Chemiker Clemens Winkler (1834-1904) zum 100. Male jährte, gestaltete die Bergakademie in den Räumen des alten chemischen Laboratoriums eine ständige Ausstellung über diesen großen Sohn der Stadt.

Geschichte: Clemens Winkler
Winkler entdeckte ein bisher unbekanntes Element bei der Untersuchung des Minerals Argyrodit von der Grube „Himmelsfürst". Nach dessen Eliminierung bestätigte er die Vorhersagen für Ekasilicium im von D. I. Mendelejew (1834-1907) aufgestellten Periodischen System der Elemente. Winkler gab dem Element den Namen Germanium. Mendelejew besuchte ihn 1894 in Freiberg. Die Ausstellung verweist auch auf die weiteren Leistungen Winklers bei der Herstellung von Schwefelsäure nach dem Kontaktverfahren, zur technischen Gasanalyse und zur Umweltgeochemie.

Um 1570 errichtet, hat das Gebäude sein charakteristisches Rundbogenportal und das Kreuzgewölbe mit einer Mittelsäule im Hausflur bewahrt. Als ehemaliges Silberbrennhaus diente es zur Gewinnung von Reinsilber. Zeitweilig hatten auch die Hofjäger hier ihren Sitz. Auch der Nestor der Ingenieurökonomie Professor Günter Hollweg (1902-1963) wirkte hier.
Das Haus Brennhausgasse 8 beherbergte ab 1876 das von Professor Adolf Ledebur (1837-1906) eingerichtete Laboratorium für Eisenhüttenkunde der Bergakademie.

Er erkannte die Notwendigkeit, für eine qualitative Verbesserung der Forschung diesen Wissenschaftszweig aus der Chemie herauszulösen und zu verselbständigen.

Der Abraham-Gottlob-Werner-Bau

Trotz der neuen Sammlung „terra mineralia" bleibt die der Lehre und Forschung dienende Sammlung im Abraham-Gottlob-Werner Bau Brennhausgasse 14 mit heute mehr als 91 000 Mineralstufen ein besonderer Anziehungspunkt für Wissenschaftler und Freiberg-Besucher aus aller Welt. In sachkundigen Führungen wird „in den größten geowissenschaftlichen Universitätssammlungen Deutschlands" auf Besonderheiten aus aller Welt hingewiesen. In der dritten

Bergparade vor dem Werner-Bau Brennhausgasse

Etage des Hauses befinden sich, in Vitrinen übersichtlich geordnet, die Elemente, Sulfide, Oxide, Halogenide und Sauerstoffsalze nach wissenschaftlichen Kriterien (chemisch, mineralogisch und paragenetisch) geordnet. Es ist dies als älteste mineralogische Sammlung Freibergs eine sehr wertvolle wissenschaftshistorische Sammlung, in der die etwa 10 000 Stufen umfassende Sammlung von Abraham Gottlob Werner enthalten ist.

Bereits das Portal des Gebäudes Brennhausgasse 14 lässt mit seinen geowissenschaftlichen und bergmännischen Motiven und den Büsten der Wissenschaftler Werner und Breithaupt auf die Heimstatt der weltberühmten Mineraliensammlung der TU Bergakademie schließen.

Eine Gedenktafel erinnert am Hause an den Professor für Mineralogie Bergrat Carl Friedrich Mohs (1773-1839), der von 1818 bis 1826 in Freiberg an der alma mater lehrte, nach dessen „10-stufiger Ritzhärteskala" heute noch gearbeitet wird. In der Reihenfolge von 1 bis 10 werden die Minerale Talk, Gips, Kalkspat, Flussspat, Apatit, Feldspat, Quarz, Topas, Korund und Diamant aufgeführt und jedes kann das vorherige ritzen.

Eingang zum Wernerbau mit wissenschaftlicher Mineraliensammlung

DER DOM VON ST. MARIEN UND DAS VIERTEL UM DEN UNTERMARKT

Untermarkt mit Dom und Bergbaumuseum  *Leben am Untermarkt*

Im Schnittpunkt zweier bedeutender Handelsstraßen entstand hier der Untermarkt, in der Vergangenheit auch der „Alte Markt" genannt, der zum Kern einer Bürgersiedlung wurde, die zum Burglehn gehörte. Bereits im 12. Jahrhundert diente die damalige romanische Basilika als Kirche des Burglehns. Nach dem Stadtbrand von 1484 entstanden repräsentative Bürgerhäuser am Untermarkt, der wegen des Verkaufs von Äschen, Zinkwannen und Töpfen im vorigen Jahrhundert auch „Aschmarkt" hieß. Im letzten Jahrzehnt ist in Verbindung mit der Neugestaltung des Gerberviertels durch Rekonstruktion oder Abriss und Neuaufbau ein freundliches Marktbild entstanden. Ein von Gottfried Kohl gestalteter Gerberbrunnen (der erste für diesen Berufszweig in Deutschland) hält die Tradition an diesen für Freiberg bedeutenden Beruf lebendig. Geschäfte und Cafés gestalten das Untermarkt-Viertel attraktiv.

Der Dom St. Marien
Wenn man in Freiberg durch die Kirchgasse auf den Dom mit seinen ungleichen Turmansätzen schaut, ist man aus diesem Blickwinkel von seinen schlichten Formen überrascht – die Dominanz hoch aufragender Türme fehlt. Aber vom Untermarkt, vom Mühlgraben, von der Kreuzgasse, noch besser beim Blick von den Halden „Alte Elisabeth" oder „Reiche Zeche" aus sieht man, dass sein Satteldach „wie eine feste Burg" das Altstadtviertel weit überragt und wie klein und wie niedrig sich die Häuser um ihn einordnen.

Deckenbemalung
im Dom St. Marien

Seine jetzige Gestalt entstammt dem Wiederaufbau des Domes nach dem Stadtbrand 1484 (fertiggestellt 1501). Den Auftrag des Kollegiatstiftes erhielt „Johann Falkenwaldt, bau meister der kirchern unser lieben frawe zu freibergk". Die Finanzierung erfolgte durch eine großzügige päpstliche Ablassgewährung, so in Form von „Butterbriefen". Vier Jahre vor dem Brand hatte Papst Sixtus IV. die häufigen Bitten der wettinischen Regenten erfüllt und die Kirche zu einer Kollegiatstiftskirche, und damit zum Dom, erhoben. Bischof Johann V. vollzog am 14. August den Weiheakt.

Schon beim Durchschreiten der Vorhalle vermittelt der Gesamteindruck dem Besucher die „ganze Pracht und Herrlichkeit einer der schönsten spätgotischen Hallenkirchen nicht nur des Erzgebirges, sondern ganz Sachsens". Zehn achteckige gekehlte Pfeiler stützen die mit Ornamenten bemalte 20 m hohe Decke der dreischiffigen spätgotischen Kirche, die auch in den Seitenschiffen 18 m hoch ist, wobei das Netzgewölbe den Eindruck von Höhe und Weite verstärkt. Die Figu-

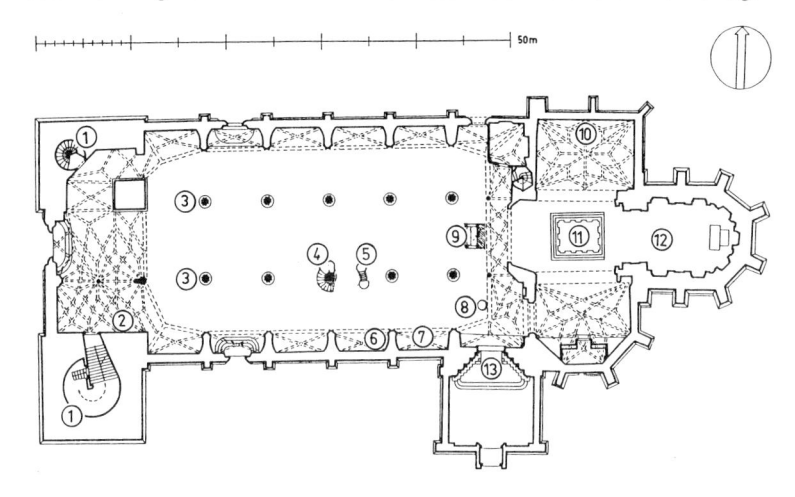

Dom St. Marien, Grundriss

1 Wendelsteine
2 Epitaph A. v. Schönberg
3 Pfeilerreihen
4 Bergmannskanzel
5 Tulpenkanzel
6 Pieta
7 Knappschaftsgestühl
8 Taufstein
9 Altar
10 Zinnsärge
11 Moritzmonument
12 Epitapharchitektur von Nosseni
13 Goldene Pforte

(Vorlage nach Magirius, Der Dom zu Freiberg)

ren der klugen und törichten Jungfrauen an den Säulen des Hauptschiffes haben absoluten Seltenheitswert. Philipp Koch, der Schnitzer der Apostel, schuf im 16. Jahrhundert Gestalten von schöner Eigenart. Im 15. und 16. Jahrhundert gab es die bedeutende Freiberger Schule der Schnitzer und Maler (siehe dazu die Ausstellung zur sakralen Kunst im Stadt- und Bergbaumuseum). Meister Philipp Koch gehörte führend dazu. Die umlaufende Empore, typisch für die erzgebirgischen Hallenkirchen, bindet das 40 m lange Kirchenschiff zusammen.

Die Triumphkreuzgruppe
Von der romanischen Vorgängerkirche St. Marien sind außer soliden Seitenwänden des Chores aus Gneisbruchsteinen an der Westseite, den Ostwänden des Chorhauses und dem Bogen der nördlichen Querapsis besonders die Eichenholzplastik der Triumphkreuzgruppe von 1230 und die „Goldene Pforte" erhalten geblieben. Sie zeigen noch heute, wie reich und schön diese Kirche geschmückt war. Nach Restaurierung im Jahre 1965 hat die romanische Kreuzigungsgruppe mit Christus, Maria und Johannes ihren dominierenden Platz erhalten. Die Ähnlichkeit zu den Kreuzigungsgruppen in Wechselburg und Halberstadt ist erkennbar.

Die Goldene Pforte
Wer das berühmte Figuren- und Gewändeportal, die „Goldene Pforte" (das ursprüngliche Hauptportal am Westeingang der romanischen Marienkirche), aus Grillenburger Sandstein geschaffen hat, ist unbekannt. Ludeger (gest. 1234), seinerzeit der 6. Abt von Altzella, könnte der geistige Inspirator gewesen sein. „Durch Darstellungen an den Portalen zu Chartres oder des Domes zu Magdeburg mag der Künstler wohl Anregungen erhalten haben, aber hier schuf das Genie des Meisters aus Bruchstücken einen neue Welt", würdigte Stadtbaumeister Gustav Rieß (1871-1932) 1931 das Kunstwerk. Farbig in Rot und Gold gestaltet, muss das Portal in seiner Gesamterscheinung noch imponierender gewirkt haben. Es wird heute als Höhepunkt der romanischen Kunst Deutschlands gewertet. Nach Georg Dehio

Goldene Pforte

(1850-1932) „ ...ist sie an Pracht selten, an innerem Adel niemals mehr überboten" worden. Die Gewändefiguren stellen links Daniel, die Königin von Saba, Salomo und Johannes den Täufer dar, rechts Aaron, Bathseba, David und Johannes den Evangelisten. Im Tympanon, dem Feld über der Tür, ist die Anbetung der Gottesmutter Maria mit dem Jesuskind und dem Ankündigungsengel dargestellt. Die Archivolten zeigen als Motive den Auferstehungsengel, den Heiligen Geist und die Auferstehung der Toten. 1903 entstand an der Südseite im Jugendstil ein Vorbau, um die Pforte vor weiterem Zerfall (durch Luftverschmutzung) zu bewahren.

Das Altarbild
Das Altarbild stellt das Abendmahl Jesu mit seinen Jüngern dar. Weiterhin sind Freiberger Bürger im Vordergrund abgebildet, die das Abendmahl auf lutherische Art, also mit Wein und Brot empfangen. Der Annaberger Münzmeister Matthäus Rothe hat das Bild 1560 gestiftet, ein Schüler von Lukas Cranach dem Älteren gefertigt.

Die Tulpenkanzel
Eine großartige Schöpfung ist HW (unklar, ob Hans Witten um 1470/80 - nach 1522) um 1510 mit der Tulpenkanzel aus Tuffstein gelungen. Die Diskussion, ob ein Schatzbaum oder eine Tulpe (die zu jener Zeit in unseren Landen noch unbekannt war!) dargestellt wurde, hat lange Zeit Fachleute und Besucher bewegt. Sie gleicht wirklich einer „kolossalen Tulipane", einem aloeartigen Gewächs. Ihren Kelch schmücken Büsten der frühchristlich-römischen Kirchenväter Augustin als Bischof, Gregor als Papst, Ambrosius als Erzbischof und Hieronymus als Kardinal. Der bärtige Mann am Fuße der Treppe, von Löwen umgeben, könnte Daniel, der Schutzpatron der Bergleute, sein. In ihm könnte die Legende von „Daniel in der Löwengrube" zu sehen sein. Die Daniellegende, auch am Annaberger Bergaltar gut dargestellt, zeigt, dass Daniel im 15. und 16. Jahrhundert in Sächsischen Bergstädten als Bergbauheiliger verehrt wurde. In der Literatur wird die Kanzel auch als Marienkanzel ernsthaft behandelt.

Altarbild

Tulpen- und rechts Bergmannskanzel

Auch die Deutung des andächtigen Daniel als Freiberger Bürgermeister Ulrich Rülein von Calw, wie sie O. E. Schmidt und W. Pieper vornahmen, ist nicht zwingend. So lässt die Deutung weiterhin Spielraum, kein Wunder, dass sich Sagen um sie ranken.

Geschichte: Die Sage um die Tulpenkanzel
Es hätten einst ein Meister und sein Geselle – die unten sitzende büßende, sinnende Gestalt eines bärtigen Mannes und die schöne Gestalt eines kräftigen Jünglings, der die Treppe mit seinem Rücken abstützt – gleichzeitig verschiedene Entwürfe zu dem Kanzelbau gefertigt. Weil das Modell des Gesellen dem des Meisters vorgezogen worden wäre, habe dieser seinen Gesellen aus Eifersucht getötet. Der Fluch des Sterbenden sollte keinen Prediger auf der Kanzel sprechen lassen.

Das historische Motiv könnte sein, dass Superintendent Hausmann am 3. November 1538 während seiner Antrittspredigt auf der Tulpenkanzel einen Schlaganfall erlitt und drei Tage später verstarb. Der Chronist A. Möller erklärte 1653 die Tulpenkanzel als „hohen und fürstlichen Predigtstuhl", von dem nur an Sonn- und Festtagen gepredigt wurde, während die in heutiger Gestalt 1638 errichtete Bergmannskanzel für Wochentage galt. Zu Ostern 1995 hat Pfarrer Fischer auf der Tulpenkanzel gepredigt.

Die Bergmannskanzel
Die benachbarte Bergmannskanzel ist eine Stiftung des Bürgermeisters Jonas Schönlebe (1582-1658), der hohen Anteil an der Verteidigung Freibergs während des Dreißigjährigen Krieges hatte. Die Abbildung zeigt ihn und seine Frau kniend vor dem gekreuzigten Christus. Je ein Bergmann tragen Korb und Treppe der Kanzel, an ihr ist der Leidensweg Jesu dargestellt.

Grablege der evangelischen Wettiner in der Sakristei – Moritzmonument

Nach der Reformation entstand im Hohen Chor die kurfürstliche Begräbniskapelle für die albertinischen Landesfürsten. Als erster Fürst wurde Herzog Heinrich der Fromme hier beigesetzt. Weitere 37 Nachfolger und Familienangehörige folgten. Elf Prunksärge aus Zinn bergen die Gebeine der Wettiner von Christian I. (1561-1591) bis Johann Georg IV. (1668-1694) und einige Gemahlinnen. 29 Grabplatten aus der Werkstatt Hilliger sind in den Boden eingelassen. Imponierend erhebt sich der Kenotaph des Kurfürsten Moritz, des ersten Freigrabes der Renaissance

Decke in der Begräbniskapelle

in Sachsen. Als Statue kniet der 1553 in der Schlacht bei Sievershausen gefallene Kurfürst in seiner Rüstung mit Kurschwert vor einem Kruzifix. Am zweigeschossigen Denkmal informieren Tafeln über Moritz' Leben und weisen auf seine Verdienste für Kaiser und Reich hin.

Bildhauer Antonius van Zerroen hat das Kenotaph im Auftrage von Kurfürst August in Antwerpen geschaffen, um 1563 langte er in Freiberg an. Der Meister hatte schwarzen Marmor und weißen Alabaster mit verarbeitet. 1585 erhielt der aus Lugano stammende Baumeister Giovanni Maria Nosseni (1544-1620) den Auftrag, die Kapelle prunkvoll auszugestalten. Nach neun Jahren war das Werk im Stil des italienischen Manierismus vollendet, eine Synthese von Renaissance und Barock gelungen. Carlo di Cesare, der 1590 in Freiberg eintraf, goss Skulpturen für die Grablege. Das Dachgewölbe weist in farbenfrohen Bildern in einer Kombination aus Malerei und Stuckwerk auf die Ankündigung des Jüngsten Gerichtes hin.

Die Schwesterngruft im Vorchor birgt mit den Arbeiten von B. Permoser Erinnerungen an Anna Sophia und ihre Schwester, Mutter und Tante August des Starken. Mit dem Tode des zum katholischen Glauben konvertierten Kurfürst August erfolgte die Beisetzung der Wettiner in der Katholischen Hofkirche zu Dresden.

Eine Überraschung ergab sich bei der Untersuchung von 30 Musikinstrumenten, wie Lauten, Zinken, Schalmeien, Cister und Violoncellie, die sich an der Decke der Begräbniskapelle in den Händen von Engeln befinden. Wissenschaftler des Musikinstrumenten-Museums der Universität Leipzig bestätigten die Echtheit dieser vor 400 Jahren dick mit Goldbronze übermalten Streich- und Blasinstrumente aus der Zeit der Spätrenaissance. Sie stammten aus der Werkstatt des Instrumentenbauers Klemm aus Randeck bei Mulda. Die Leipziger Forscher unter Veit Heller arbeiten mit modernen Untersuchungsmethoden, wie Laserscanner, Videoskopie, Endoskopie oder Computertomographie. Einige Instrumente wurden original nachgebaut und mit Kompositionen aus der Entstehungszeit zum „Tag der Mitteldeutschen Barockmusik" am 15. Mai 2009 im Ensemble Musica Freybergensis im Dom gespielt.

Begräbniskappelle, Engel mit Originalinstrumenten des 16. Jh.

Große Silbermannorgel

Zur Ausgestaltung des Domes trägt weiterhin die große Silbermannorgel bei. Von 1711 bis 1714 hat sie Gottfried Silbermann mit drei Manualen, 45 Registern und 2674 Pfeifen geschaffen. Gestimmt hat sie der Meister allerdings nicht auf den Kammerton a, sondern 26 Hertz, also fast einen Ganzton höher, so dass sie nicht in ein Konzert einbezogen werden kann. Nach einem Entwurf von Domor-

Große Silbermannorgel

ganist und Ratsbaumeister Elias Lindner (gest. 1731) hat Johann Adam Georgi den Prospekt mit vier musizierenden Engeln gestaltet. Die Orgelvirtuosen Arthur Eger (1900-67), Hans Otto (1922-96) und Dietrich Wagler (geb. 1940) haben mit ihrem Können zum internationalen Ruhm der Orgel im 20. Jahrhundert beigetragen. Die „Gottfried-Silbermann-Gesellschaft" pflegt das Erbe des Meisters.

Geschichte: Der Organist Arthur Eger
Übrigens – bereits am 24. September 1930 übertrug der Mitteldeutsche Rundfunk Sender Leipzig erstmals ein Orgelkonzert aus dem Dom, Organist war Arthur Eger. Mit der Herstellung von Schallplatten zog der Klang der Orgel in viele Länder. Eger gebührt weiterhin die Anerkennung, bereits mit dem Orgelkonzert im Dom am 7. Juni 1945 eines der ersten öffentlichen Kirchenkonzerte in Deutschland nach Kriegsende geleitet zu haben. Heute sind Fernsehgesellschaften aus allen Ländern häufige Gäste im Dom. Die zweite Silbermannorgel steht auf dem Lettner des Domes und gehörte bis 1939 zur Johanniskirche. Ihre Restaurierung erfolgte 1997.

Große Silbermannorgel

Fürstenloge
Die Fürstenloge wurde 1726 von dem Dresdener Baumeister Matthias Daniel Pöppelmann (1662-1736) geschaffen, der u.a. auch den Dresdener Zwinger baute.

Die Glocken des Domes
Die Glocken des Freiberger Doms dürfen nicht unerwähnt bleiben. Vier der sechs Glocken wurden 1488 bzw. 1496 in der Werkstatt von Oswald Hilliger in Freiberg gegossen. Im Ersten Weltkrieg konnte das Geläut gerettet werden, im Zweiten Weltkrieg ging nur eine Glocke verloren. Als einzige Kirche mit sechs Glocken ist der Freiberger Dom mit „seiner glockenmusikalischen Disposition einmalig im gesamten sächsischen Raum". Auf der Stundenglocke steht: „Wenn der Herr nicht die Stadt behütet, wachen ihre Wächter umsonst".

Annenkapelle
Die benachbarte zweischiffige spätgotische Annenkapelle mit dem aus dem Jahre 1674 stammenden Altar, der einst in der 1905 abgebrochenen Stadtkirche zu Hainichen stand, weist Schlingrippengewölbe auf.

Im Kreuzgang befindet sich eine einzigartige Sammlung von Grabsteinen der altsächsisch-meißnischen Adelsfamilie von Schönberg. Auf dem „Grünen Friedhof" fanden viele Freiberger Bürger ihre letzte Ruhestätte, unter ihnen Professor A. G. Werner. Der Grabstein A. Möllers wurde anlässlich seines 400. Geburtstages in den Dom verlegt. Der Lutherbrunnen, außerhalb des Kreuzganges, steht seit 1883, errichtet zu Luthers 400. Geburtstag. Die Jahreszahl 1917 erinnert an den 400. Geburtstag des Thesenanschlages. Die Büste Martin Luthers ist ein zweiter Entwurf von Ernst Rietschel (1804-61), das Originalmodell hat Rietschel für die Lutherehrung in der Walhalla bei Regensburg geschaffen.

Das Stadt- und Bergbaumuseum (Am Dom 1)
Am Untermarkt stellt sich neben dem Chor des Domes und seinem aufragenden Giebel das Stadt- und Bergbaumuseum als dominierendes Gebäude dar. Dieser spätgotische Bau entstand nach dem Stadtbrand von 1484 als Domherrenhof an der Marienkirche, auch Thümerei genannt. Es beherbergte nach der Reformation die Lateinschule und das Gymnasium bis 1875. Die heutige Form mit Blendnischen im dreistöckigem Giebel über dem mit hohen Räumen gestalteten Erdgeschoss stammt wohl aus der Erbauungszeit.
Vorantreibender Kern der Umgestaltung zum Museum war der 1860 gegründete Freiberger Altertumsverein, der um eine repräsentative Sammlungsstätte für zahlreiche historische Exponate bemüht war. 1903 entstand das König-Albert-Museum.

Das Stadt- und Bergbaumuseum gilt als eines der ältesten und bedeutendsten Museen Sachsens. Die Einrichtung präsentiert in Sachzeugen und Dokumenten die Geschichte der Stadt, des Umlandes und des Montanwesens. In den beiden mit spätgotischen Faltengewölben überspannten Räumen des Erdgeschosses haben zwei ständige Ausstellungen Aufnahme gefunden. „Spätgotische Sakralkunst Obersachsens" zeigt Plastiken und Bildwerke aus obersächsischen Meisterwerkstätten um 1500. Besonders die Exponate des Zwickauer Bildschnitzers Peter Breuer (1472-1541), wie Christus in der Rast, erregen Bewunderung. Die Ausstellung „Bildhauerkunst der Renaissancezeit" präsentiert ausschließlich Werke Freiberger Meister und vermittelt Hochachtung vor den Leistungen in Freibergs zweiter Blütezeit nach der Spätgotik.

Stadt- und Bergbaumuseum im Domherrenhof

Eine bergmännische Betstube mit einem der ältesten Kleinorgelwerke Deutsch-

lands aus dem 17. Jahrhundert wurde original nachgebildet, und Konzerte in diesem Raum lassen den Besuch zu einem besonderen Erlebnis werden.
Zu den „Exponaten europäischen Ranges" zählen ein silberner Deckelpokal der Bergknappschaft nach 1681, die zinnernen Schenkkannen der Knappschaft von 1628 und volkskundliche Darstellungen des Montanwesens von 1678.

Am Haus Untermarkt 1, dem Sitz der Superintendentur Freiberg der Evangelisch-Lutherischen Landeskirche Sachsen und Sitz des Evangelisch-Lutherischen Kirchenverbandes Freiberg ist der romanische Ursprung mit Mauerwerk von 1484 noch deutlich sichtbar.

BERÜHMTE FREIBERGER WOHNTEN AM UNTERMARKT

Das Körnerhaus (Untermarkt 2)
Am Hause Nr. 2 aus dem 16. Jahrhundert stammend, weist eine Gedenktafel mit Medaillon auf den Wohnsitz des Dichters Theodor Körner (1791-1813) hin, nachdem er sein erstes Quartier auf der Leipziger Straße genommen hatte.

Geschichte: Theodor Körner
Immatrikuliert unter der Nummer 697, studierte er von 1808 bis 1810 in Freiberg und hörte Vorlesungen über Bergbaukunst, Geognosie, Chemie, Markscheidekunde, Mathematik, Physik und Zeichenkunst bei den Professoren Werner, Lampadius, von Busse und Sieghardt. Mit Schlägel und Eisen verfuhr er die Schichten unter Tage, und in jener Zeit entstanden seine den Bergmannsberuf romantisierenden Gedichte. Der knapp 22-jährige Körner fiel im Befreiungskrieg als Leutnant und Adjutant Major Lützows im Kampf gegen die Truppen Napoleons.

Gedenktafel am Körnerhaus

Freiesleben-Haus
Im Hause Untermarkt 7 wohnte der Markscheider und Hochschullehrer Johann Friedrich Freiesleben (1747-1807), dessen Sohn Johann Carl Freiesleben (1774-1846) der Studienfreund Alexander von Humboldts war. Später war er der einzige nichtadlige Oberberghauptmann Sachsens.

Wohnhaus „Goldene Pforte"

Im Hause Untermarkt 21, viele Jahrzehnte als Gasthaus „Goldene Pforte" bekannt und heute Seniorenheim, wohnte der 1604 aus Böhmen nach Freiberg gekommene Musiker Johann Christian Demantius (1567-1643). Aus seiner Feder gingen neben einem Tedeum auch Tanzsuiten für Streichinstrumente, mehrstimmige Lieder sowie 60 Motetten für das Kirchenjahr und eine Deutsche Passion nach Johannes hervor. Er gilt in der Musikgeschichte Kursachsens als der bedeutendste Komponist vor Heinrich Schütz (1585-1672).

Ein zweiter Organist, der sich, auch aus Böhmen kommend, in Freiberg für einige Jahre niederließ, war Andreas Hammerschmidt (1612-75). Für seine Gemeinde St. Petri komponierte er eine Fülle von Tänzen, Motetten und „Geistliche Dialoge".

Als dritter berühmter Organist lebte Johann Friedrich Doles (1715-97), ein Schüler J. S. Bachs (1685-1750) in Freiberg. Am Dom von St. Marien schenkte er der Kirchenmusik Motetten, Arien und Choräle. Bekannt sind seine Melodien zu Christian Fürchtegott Gellerts (1715-1769) geistlichen Oden und Liedern.

Dunkelhof

Der Dunkelhof, Kreuzgasse 7, ist das Geburtshaus von Eduard Heuchler (1801-1879). Als Professor und Zeichenmeister an der Bergakademie hat er in Freiberg das Grabmal für Herder, den Sockel des Wernerdenkmals, das Schwedendenkmal, den Kreuzbrunnen und den Hornbrunnen gestaltet; erforderliche Umbauten am Hauptgebäude der Bergakademie geleitet und als Neubau das Bahnhofsgebäude geschaffen.

In seinen „Alben für Freunde des Bergbaus" beschrieb und zeichnete Eduard Heuchler Episoden aus dem Berufsleben, von der ersten Anfahrt bis zur letzten Schicht, sogar das Bergbier fehlte nicht. Seine Texte und Zeichnungen sind von großer Liebe zum Bergmannsberuf getragen.

Im Durchgang des Hauses zum Garten steht folgender Spruch an der Wand, der in Übersetzung lautet: „Siehe dein Abbild (wie) du die Blumen siehst im Garten. Morgens blüht er zwar, abends wird der Mensch hinfällig. Leitspruch des kühnen Baumeisters Andreas Möller".

Das Oberbergamt in der Kirchgasse

Die von Kurfürst Moritz 1542 eingeleiteten Reformen führten zur Einrichtung einer obersten Bergbehörde, zur Gründung des Oberbergamtes. Bedeutend war die Durchsetzung des Direktionsprinzipes. Das Oberbergamt befand sich von 1679 bis 1945 im Freihaus der Familie Schönlebe in der Kirchgasse 11. In diesem stattlichen Bau aus dem 16. Jahrhundert überrascht bereits die Eingangshalle mit ihren Stern- und Netzgewölben.

Als Aufsichts- und Genehmigungsbehörde über den sächsischen Bergbau in seiner Gesamtheit – für Steinkohle, Braunkohle, Steine und Erden und Sanierung von alten Braunkohlentagebauen, Revieren des Uranbergbaus und des historischen Altbergbaus – ist das Oberbergamt mit seinen drei Bergämtern ein wichtiger Wirtschaftsfaktor des Freistaates Sachsen.

Kirchgasse 11 – Sächsisches Oberbergamt, Eingangshalle

Das Oberbergamt in seiner Komplexität der Sozial-, Kultur- und Technikgeschichte des Montanwesens ist einmalig in Deutschland. Über den ersten planmäßigen Aufbau der sächsischen Bergverwaltung, das Behördenprofil, die Wirtschaftsunternehmen, die Hammerwerke, den Erz- und Kohlebergbau, die Bergschulen und Bergvereine sind 2000 m Akten und 80 000 Karten, Risse und Pläne vom Ende des 15. Jahrhunderts bis Mitte des 20. Jahrhunderts vorhanden. Mit einer Bergparade wurde am 15. Dezember 1991 der neue Präsident Reinhard Schmidt in das wiedereröffnete Sächsische Oberbergamt eingeführt.

Im Nachbarhaus Kirchgasse 13 befand sich ab 1555 der Sitz des Oberhüttenamtes. Sowohl das Sitznischenportal (einst das älteste des 16. Jahrhunderts) als auch die Darstellung von Bergmann und Hüttenmann warten auf die Rekonstruktion.

Der Schönbergische Hof
Kirchgasse 15 trägt den Namen Schönbergischer Hof. Er war einst Wohnsitz der Oberberghauptleute Abraham von Schönberg (1676-1711) und Friedrich Wilhelm von Trebra (1740-1819). Während der Rekonstruktion 1998 wurden wertvolle, mit Fabeldarstellungen und Rankenwerk bemalte Decken konserviert. Der modernisierte Gebäudekomplex beherbergt eine Buchhandlung, eine Sauna, Studentenwohnungen und eine Gaststätte.

Geschichte: Goethe in Freiberg

Johann Wolfgang von Goethe, der als Minister für den Bergbau im Kabinett des Herzogs Karl August von Sachsen-Weimar-Eisenach verantwortlich war, pflegte gute Beziehungen zu Freiberger Persönlichkeiten. Als begeisterter Sammler mineralischer Stufen empfing er gern von Professor Werner Ergänzungen zu seiner Mineraliensammlung. Mit J. C. Freiesleben stand er in Briefkontakt. Oberberghauptmann von Trebra unterstützte Goethe 1776 bei der Förderung des Ilmenauer Bergbaus. 1783 entdeckten beide auf einer gemeinsamen Harzreise den Granit-Hornfels-Kontakt bei Andreasberg.

Als sich Goethe 1810 auf der Heimreise von einer Kur in Teplitz befand, hat er die Reise hier unterbrochen und im Hause Trebra gewohnt. Nahezu im Telegrammstil vermerkte er im Tagebuch:
„Sept. 26. In Freyberg angekommen, gegen 1 zu Trebra. Das Academische Gebäude besehen. Laboratorium. Spazieren. Abends bey Trebra. Lampadius. – Sept. 27. Auf die Grube Beschert Glück. Über Tage alles besehen. Zu Trebra zu Tische. V. Gutschmidt (Freiberger Berghauptmann). Nach Tische aufs Amalgamierwerk. Alles besehen der Ordnung nach. Abends zu Trebra. 28. früh von Freyberg über Öderan nach Chemnitz".
Im Gästebuch des Amalgamierwerkes hinterließ er seinen Eintrag. Einem Freund schrieb er, Freiberg habe ihm „mit seiner ober- und unterirdischen Tätigkeit eine unterhaltende und erfreuliche Rückreise gegeben". Wir müssen annehmen, dass Werner ortsabwesend war;
Goethe hätte sonst seinen Briefpartner in geologischen und mineralischen Fragen sicherlich besucht.

Über dem Renaissanceportal des Hauses erinnert eine Tafel an den Besuch.

Das Geschwister-Scholl-Gymnasium
Die vergoldeten Buchstaben „Gymnasium Albertinum" über den Fenstern der Aula am Hause Geschwister-Scholl-Straße 1 weisen auf die Tradition der Schule hin, die 1515 als älteste humanistische Lateinschule der Stadt gegründet wurde. 1875 erfolgte der Umzug aus dem Domherrenhaus in dieses neue Gebäude. Mit ihrer bald über 500-jährigen Geschichte sind zahlreiche Namen berühmter Lehrer und berühmt gewordener Schüler verbunden.

Petrus Mosellanus (1493-1524) „lehrte die Deutschen die griechische Sprache und Literatur"; Johannes Rivius (1500-1553) profilierte die Schule zum ersten protestantischen Gymnasium des Landes; der junge Prinz August (1526-86) war sein Schüler; Karl Christian Gärtner (1721-91) ist als Dichter und Freund Christian Fürchtegott Gellerts (1715-69) in die Geschichte der Aufklärung eingegangen; Gotthelf Fischer aus Waldheim (1771-1853) wurde russischer Staatsrat und Direktor des Botanischen Gartens in Moskau; Johann Carl Freiesleben (1774-1846), der Freund Alexander von Humboldts, war der erste nichtadlige Berghauptmann Sachsens; Clemens Winkler (1838-1904) entdeckte das Element Germanium; und zu Beginn unseres Jahrhunderts wurde Rektor Otto Eduard Schmidt (1855-1945) bekannt durch seine wissenschaftlichen Arbeiten zur sächsischen Geschichte und seine „Kursächsischen Streifzüge" in sieben Bänden. Die Namensgebung 1875 bezog sich auf König Albert von Sachsen (1828-1902, reg. ab 1873).
1954 legte an dieser Oberschule Günter Blobel, heute Professor für Medizin an

der Rockefeller-Universität, New York, Nobelpreisträger für Medizin des Jahres 2000, sein Abitur ab. In der Aula seiner alten Schule erhielt er am 20. Juni 2000 die Urkunde zur Ehrenbürgerwürde der Stadt Freiberg überreicht und am 12. September von Ministerpräsident Biedenkopf das Bundesverdienstkreuz.

Sehenswert ist die historische „Andreas-Möller-Bibliothek" der Schule, entstanden 1540 aus den Beständen der Bibliotheken der Franziskaner und Dominikaner nach Aufhebung der Klöster. Neben 500 Inkunabeln zählen u.a. auch zwei Original-Ablassbriefe zum Bestand. Die Namensgebung erfolgte 1986 auf Anregung von SR Hans-Christian Neumann (1924-1987).

Das ehemalige Franziskanerkloster (Mönchsstraße Nr. 3)

Im Bereich von Stadtmauer und Mönchsstraße, 1716 „Hinter den Mönchen" genannt, liegt das ehemalige Klostergelände der Franziskaner. Die Anlage entstand um 1233 und wurde durch mehrere Brände zerstört. Nach der Auflösung des Klosters im Zuge der Reformation ging 1540 die Klosteranlage auf die Stadt über. Das Wohngebäude der Mönche diente bis 1861 als Waisen- und Krankenhaus, die unterirdischen Gewölbe verpachtete die Stadt als Bierkeller und das übrige Areal, die „Klosterfreiheit", wurde als Bauplatz an interessierte Bürger vergeben. Die Kirche verfiel, doch waren um die Mitte des 19. Jahrhunderts Reste von ihr noch vorhanden. In dem in die Stadtmauer eingebauten Nordgiebel des Franziskanerklosters mit Kielbogenfenstern aus dem 15. Jahrhundert dürfen Reste des ältesten Hauses der Stadt vermutet werden. Junge Familien bewohnen es seit Sommer 2004 nach gründlicher Rekonstruktion.

Franziskanerkloster

Stadtmauer hinter der Mönchstraße

Zwischen Schloss und Meißner Tor dienten 9 Türme als wichtige Verteidigungsbastion: Altschlossturm, Landgerichtsturm, Gefangenenturm, Mannewitzturm, Pestturm des Rates und Turm des Pestpfarrers, Oberer und Unterer Rossmühlenturm, Pfeils Turm. In unmittelbarer Nähe des ehemaligen Franziskanerklosters befindet sich an der Stadtmauer auch ein Wighaus. Insgesamt waren 39 Türme Bestandteil der Freiberger Stadtbefestigung.

Wighaus an der Stadtmauer

Das Herderhaus
Das Haus in der Herderstraße 2/2a ist benannt nach dem Freiberger Oberberghauptmann Siegismund August Wolfgang von Herder (1776-1838), der es von 1817 an bewohnte. Er war der zweitälteste Sohn des Weimarer Dichters, Philosophen und Humanisten Gottfried Herder (1744-1803). Das Haus weist Bausubstanz aus der 2. Hälfte des 16. Jahrhunderts auf. An den Portalen stehen Bergmannsfiguren mit Barten und Erzstufen. In dem Gebäude befand sich von 1844 bis 1902 die Knabenbürgerschule. Auf der um 1820 errichteten Freitreppe im Hof wurde einst das Singspiel „Der Bergmannsgruß" von A. F. Anacker (1790-1854), Text von M. W. Döring (1798-1856), erstmals 1831 aufgeführt, in unserer Zeit 1956 im Konzerthaus „Tivoli" und 1996 auf dem Buttermarkt.

Nach Beendigung seines Studiums an der Bergakademie in den Jahren 1797 bis 1799, Matrikelnummer 487, hatte Herder nach seiner Promotion 1812 in Wittenberg verschiedene Bergämter inne: so war er 1804 Oberbergamtsassessor, von 1816 an Berghauptmann und seit 1826 Oberberghauptmann. Er förderte den Bau berg- und hüttenmännischer Neuanlagen, besonders der Grubenentwässerung. Sein bekanntester Plan war die Wasserableitung aus dem Freiberger Grubenrevier mit dem Bau des „Tiefen Meißner Erbstollns", der die Grubenwässer in die Elbe abführen sollte. Nach seinem Tode wurde das kühne Projekt von 1844 bis 1877 mit dem Bau des „Rothschönberger Stollns" realisiert.

Stadthaus 2
Im heutigen Stadthaus 2, Heubnerstraße, wohnte der Kreisamtmann Otto Leonhard Heubner (1812-93), der zu seiner Zeit als politisch führender Kopf der Stadt galt. Er war gewähltes Mitglied der Nationalversammlung der Frankfurter Paulskirche und in den Tagen der Revolution im Mai 1849 in Dresden Mitglied der Provisorischen Regierung. Nach der Niederlage flüchtete er mit Richard Wagner (1813-83) aus Dresden nach Freiberg. Wagner gelang die weitere Flucht über Weimar nach Zürich, Heubner wurde in Chemnitz verhaftet, verurteilt, erst 1859 begnadigt. Danach war er Landtagsabgeordneter und Stadtrat in Dresden. Wagner und Heubner wurden durch Gedenktafeln am Hause geehrt.

Bergmannsfigur am Portal zum Herderhaus

Alte Gerberhäuser und Straßennamen in der Altstadt.
Neben den Schmieden und Leinewebern sind Gerber seit 1294 urkundlich in Freiberg nachweisbar. Besonders Bergleute, Schuhmacher und Riemer benötigten Leder, und damit kam das Gerberhandwerk mit Weiß- und Lohgerbern rasch in Blüte. 1554 trennte sich ihre Innung von den Schustern.

Unverkennbare Gerberhäuser, noch aus dem 16. bis 17. Jahrhundert stammend, finden wir Nikolaigasse 15, Meißner Gasse 8 und in restaurierter Form Am Mühlgraben (nach Brandstiftung). Man erkennt sie an den typischen jalousieartigen Öffnungen der Trockenböden im Dachgeschoss. Das zur Bearbeitung notwendige Wasser lieferte der Mühlgraben. Ein Wandbild in der Gerberpassage (von K. Kohlrausch und T. Birke) und der Gerberbrunnen auf dem Untermarkt (von Bildhauer G. Kohl) halten die Erinnerung an diese handwerkliche Tradition wach.

Über Jahrhunderte waren Gerbereien und Lederfabriken in Freiberg und in jüngster Zeit auch im benachbarten Zug in Betrieb. Carl Steyer gründete 1763 eine Gerberei, die ab 1897 vom Handwerksbetrieb auf maschinelle Lederverarbeitung umgestellt wurde.

Gerberhäuser am Mühlgraben vor dem Brand 1995

1889 erfolgte in Freiberg die Gründung der Deutschen Gerberschule an der Terrassengasse – auf Anregung des hiesigen Königlich-Sächsischen Kommerzienrates und Lederfabrikanten Moritz Stecher (1838-1903) als eine Fachschule zur Ausbildung von Gerberei-Technikern – und 1896/97 die Einrichtung einer Deutschen Versuchsanstalt für Lederindustrie. Beide Institutionen – 1938 unter Prof. Dr. Stather (1901-1974) vereinigt – zogen auch viele ausländische Teilnehmer nach Freiberg und erwarben sich durch ihre fachliche Leistung rasch einen internationalen Namen.

In der schmalen Gerbergasse Nr. 25 stand seit Mitte des 16. Jahrhunderts ein Kuttelhof, der als Schlachthaus der Stadt bis zum Bau des neuen Schlachthofes 1894 in Betrieb war. Das Gebäude wurde wegen Baufälligkeit abgerissen.

Neben der Gerbergasse gibt es in der Altstadt weitere Straßenbezeichnungen nach Handwerkern oder Zünften: so die Kesselgasse (nach den Kesselschmieden), Schmiedestraße, Färbergasse (1639 Schwarzfarbe genannt), Weingasse (1381 ein „burger winhus" erwähnt) oder eine inzwischen umbenannte Fleischergasse. Im Bereich der Aschegasse – unweit des Kuttelhofes – lagen die Werkstätten der Ascher, die Asche für den Schmelzprozess herstellten. Die Stollngasse heißt nach dem seit 1384 nachweisbaren Fürstenstolln. Der Mühlgraben lieferte das Wasser für die Untere und Obere Malz- und Würzmühle. Das Badegässchen erinnert an frühere öffentliche Badestuben, die in der Fischergasse oder Futtergasse (heute Akademiestraße) sich regen Zuspruchs erfreuten.

Auch die Namen des Meißnerrings und Donatsrings (von der Leipziger Straße bis zur Himmelfahrtsgasse) waren der Geschichte unterworfen: Von 1933 bis 1945 hießen sie Adolf-Hitler-Ring und von 1945 bis 1990 Ernst-Thälmann-Ring.

Übrigens – Meißner Gasse wurde namentlich als „Meißnische Gasse" 1386 erstmals genannt und ist damit der älteste Straßenname der Stadt.

DER BUTTERMARKT

Im Volksmund gibt es ein Rätsel: Wo treffen Himmel, Hölle und Teufelskapelle zusammen? Antwort: Am Buttermarkt! Mit „Himmel" ist die Nikolaikirche gemeint, „Hölle" hieß ein seit 1579 bestehendes Brau- und Malzhaus an der Aschegasse, welches später eine gern besuchte Bergmannsgaststätte war und 2002 dem Abriss zum Opfer fiel. Als „Teufelskapelle" wurde das Stadttheater bezeichnet. Auf modernen Stadtplänen wird man den offiziellen Namen „Buttermarkt" vergebens suchen, aber als im vorigen Jahrhundert Bauersfrauen zum Wochenende ihre Produkte hier verkauften, war der Name amtlich gültig und hat sich seitdem im Volksmund erhalten.

Benachbarte Straßen, so die Weingasse und die Heubnerstraße, bewiesen durch dendrologische Untersuchungen alter Holzbohlen im Straßenquerschnitt ein bis in die Jahre 1183 bis 1185 zurückreichendes Alter der frühesten Straßenanlage.

Nikolaikirche
Die planmäßig seit 1175 um die Nikolaikirche angelegte Siedlung war vorwiegend von Handwerkern und Kaufleuten bewohnt. Vom ältesten Kirchenbau sind noch Elemente des romanischen Stils an den Westtürmen erkennbar. Die romanischen Schallarkaden stammen aus dem 13. Jahrhundert. Im 14. und 15. Jahrhundert wurde das Gebäude als spätgotische Hallenkirche mit Langhaus vergrößert. 1530 erfolgte eine Aufstockung der Westtürme. Den barocken Um-

und Ausbau um 1750/53 leitete Johann Christoph Knöffel (1686-1752) und Ratsbaumeister Johann Gottlieb Ohndorf (1710-1759). Aus dieser Zeit stammt auch der Hochaltar von G. Stecher mit dem Altarbild von C. W. E. Dietrich. Der Guss für die große Glocke im Südturm erfolgte 1487 in der berühmten Werkstatt Hilliger. Hier in der Nikolaikirche wurde 1533 erstmals in Freiberg das Abendmahl in beiderlei Gestalt den Gläubigen gereicht.

Konzert- und Tagungshalle Nikolaikirche

Nachdem das Gebäude von der Kirchenverwaltung an die Stadt abgegeben wurde, diente es dem Theater als Fundus.

Zum 11. Bergstadtfest 1996 erklang hier die 9. Sinfonie von Ludwig van Beethoven, aufgeführt von Freiberger Chören und der Philharmonie des Mittelsächsischen Theaters. Künstler und Besucher lobten die „hervorragenden klanglichen Eigenschaften des Sakralbaus". Nach Jahren des Umbaues erfolgte im Mai 2002 die Einweihung der Nikolaikirche als Konzert- und Veranstaltungshalle mit dem Schauspiel „Jedermann" von Hugo von Hofmannsthal.

Das älteste städtische Theater Deutschlands
1790 wurde das Stadttheater am Buttermarkt eröffnet. Bis dahin erfolgten Vorführungen durch fahrende Schauspielgruppen im Städtischen Kaufhaus. 1727 gastierte hier zum Beispiel die Truppe der Friederike Caroline Neuber (1697 - 1760). Seit 1787 waren jedoch Vorstellungen im Kaufhaus wegen Brandgefahr untersagt worden.

Es war der Messerschmiedemeister Johann Gotthelf Engler, der sein in der Pulvermühle erworbenes Kapital mit dem Kauf dieses 1623 erbauten Hauses am Buttermarkt anlegte und dieses 1789 zum Theater umbauen ließ. Die Stadt erwarb es ein Jahr später für 1900 Taler. Damit besitzt Freiberg das älteste städtische Theater Deutschlands.

Stadttheater am Buttermarkt

Aus den Jahren des Hausbaus künden die schwer lesbaren Inschriften zweier Quadersteine, so an der Ecke Enge Gasse:

"Dis Haus und all mein Fähr und Hab/
Der Reiche Gott aus milder Gab/
Mir bescheret hat Durch Ausbeuth guth,/
der halts auch stets in seiner Huth/."

Die abschließenden Buchstaben M.C.N.C. verweisen auf Magister Caspar Neander aus Colditz, der als Amtsprediger von St. Nikolai dies Haus errichten ließ.

Der Text an der Weingasse lautet:
"Man sagt Wer Baun thut an die gassen,/
muß manchem Eine Feder Lassen./
Wenn ich es Denn also wil han/
Lieber, was geht es dich doch an?/"
Dies schrieb der Maurer Michael Kästner 1623.

In der Osterwoche 1790 gab es die ersten Vorstellungen „guter teutscher Komödien" durch eine Theatergruppe unter der Leitung des Prinzipals Seconda aus Dresden.
Noch gab es in Freiberg keine eigene Schauspieltruppe, dies erfolgte erst 1876. Die Spielpläne der 90er Jahre des 18. Jahrhunderts vermerken Mozarts Opern „Entführung aus dem Serail", „Die Zauberflöte" und „Don Carlos" und Goethes „Clavigo" und „Stella". Schon damals zeigten sich die Freiberger Bürger als interessiertes Publikum und sparten nicht mit Applaus.

Von September 1800 an hielt sich Carl Maria von Weber (1786-1826) in Begleitung seines Vaters für sieben Monate in Freiberg auf. Hier komponierte er die Oper „Das stumme Waldmädchen", deren Uraufführung in Freiberg am 24. November 1800 stattfand. Ein Sgraffito an der Giebelseite des Theaters erinnert daran. Allerdings war die Aufführung kein weltbewegender Erfolg, der jugendliche Komponist hatte noch nicht die Reife des Meisters des „Freischütz" erreicht.

In ihren Erinnerungen hat die Schauspielerin Steffi Heymann (1894-1972) die Freiberger Bühne als ein „Sprungbrett" für die Entwicklung junger Talente bezeichnet. Für Inge Keller (geb. 1923) trifft dies als Beispiel für eine Künstlerin unter vielen zu. Bereits am

Stadttheater – Innenansicht

16. Juni 1945 hat S. Heymann den Spielbetrieb des Theaters nach dem Kriegsende mit Molnars „Spuk im Schloss" eröffnet.

Am 23. Juni 1991 wurde nach fünfjähriger Rekonstruktion das Theater mit der Oper „Die Zauberflöte" von W. A. Mozart wiedereröffnet. Es wird mit Recht von Theaterfreunden als eine der „schönsten Bühnen Sachsens" bezeichnet.

1993 schlossen sich das Stadttheater Freiberg und das Stadttheater Döbeln zur „Mittelsächsischen Theater und Philharmonie GmbH" zusammen.

IM EINSTIGEN CHRISTIANSDORF

Eine Gedenktafel erinnert.
In der Altstadt, am Hause Wasserturmstraße 34 – Ecke Berggasse, befindet sich eine Gedenktafel, die darauf hinweist, dass in unmittelbarer Nähe des Weges im Jahre 1168 der Freiberger Bergbau seinen Anfang genommen hat. Eine alte Straße nach Böhmen hat hier einen der mächtigsten, im Verlauf von Wasserturmstraße – Terrassengasse streichenden Freiberger Erzgänge, den Hauptstollngang gekreuzt.

Gedenktafel zum Silberfund

1185 wurde letztmalig der Ortsname Christiansdorf in einer Urkunde genannt. Und 1241 das erste und einzige Mal in einer Urkunde das Jakobiviertel als Sächsstadt „civitas Saxonum" bezeichnet, als Stadt der eingewanderten sächsischen Bergleute aus dem Harz.

Sage:
Der erste Silberfund
Georgius Agricola und Petrus Albinus beschreiben sowohl in „De re metallica" 1556, als auch in der „Meißnischen Bergk-Chronica, Dreßden 1590" den sensationellen Silberfund:
„Es ist das Bergwerk zu Freiberg auf solche Weise an den Tag gekommen und erfunden worden.

Schüppchenberg – hier begann der Freiberger Silberbergbau

Auf eine Zeit ist ein Goslarischer, oder wie etliche bloß setzen, sonsten ein sächsischer Fuhrmann zu Hall durchgefahren und hat Salz ins Land zu Böhmen führen wollen, weil dasselbe Land bis auf den heutigen Tag aller Dinge die Fülle, allein kein Salz hat.
Dieser Salzführer, als er fast an die Grenzen des Böhmischen Gebirges, gleich um die Gegend, da jetzo Freiberg stehet, gekommen, hat er ohngefähr ein Geschiebe von einem gediegenen Glanz oder Bleierz in einem Wagengleise gefunden, dasselbe, weil es schön gleisend war und schwer gewesen, auf den Wagen geworfen und im Wiederfahren mit sich gen Goslar gebracht.

Daselbst, nachdem es von den Bergleuten probiert und im Silber viel reicher als der Goslarische Glanz und Bleischweif gefunden worden, haben sich die Sachsen alsbald aufgemacht, sich dahin auf Nachrichten des Fuhrmanns bezogen, da er das Geschiebe gefunden hatte, haben Gänge ausgerichtet, eingeschlagen und geschürft, und da es ein gut Ansehen genommen folgend getrost Kübel und Seil eingeworfen, in Eile etliche Röschen getrieben, damit sich das Gebirge etwas verstollet, und das Wasser verschroten, auf das sie ohne Hindernis bauen mögen, und hatten also in Summa die Sachsen das Bergwerk im Lande Meißen rechtschaffen rege gemacht".

Heute Gymnasium „Geschwister Scholl" Haus Dürer – einst Gelände des Frauenklosters
Im Bereich der 1903 eröffneten Bürgerschule, 1928 „Albrecht-Dürer-Schule" benannt, des Schulhofes und der benachbarten Gassen lag bis zur Reformation das Frauenkloster St. Maria Magdalena. Mit Klostergarten und Klosterkirchhof erstreckte es sich vom Meißnertor bis zur Terrassengasse. Den erstmals 1248 erwähnten Orden dieser „büßenden Schwestern" gab es nur in Deutschland.

Ein bei Auflösung 1542 geführtes Verzeichnis nennt alle Gebäude und Räume und lässt dadurch die Größe der Anlage für 30 Schwestern erkennen. Es gab einen Speisesaal, eine Küche mit Stübchen, Vorratskammern für Fleisch, Butter und Käse, eine Stube für die Priorin, ein Schlafhaus, Gästekammern, eine Krankenstube, mehrere Weinkeller, ein Brotgewölbe, ein Backhaus mit Backstube, zwei Kornhäuser mit Böden, einen Kuhstall, ein Wasserhäuschen, ein Brauhaus, ein Badehaus und ein Gefängnis: offensichtlich besaß das Kloster die (niedere) Eigengerichtsbarkeit. Ein Klosterhof und ein Herrenhof lagen oberhalb des Klosters, das vom letzten großen Stadtbrand verschont blieb.

Die alte und neue Jakobikirche
Die älteste Kirche Freibergs stand in der Pfarrgasse auf dem Platz der heutigen Dürerschule: die Jakobikirche von Christiansdorf. Um 1160 wurde sie als einschiffige Basilika mit einer stabilen Balkendecke errichtet. Mitte des 16. Jahrhunderts baute man ein Seitenschiff an und ersetzte die Decke durch ein Gewölbe, Baumeister war der Steinmetz Andreas Lorenz. Von 1776 an krönte ein Kuppeltürmchen das Dach.

Rund um diese Kirche feierten Freiberger Bürger seit 1293 den ältesten Freiberger Jahrmarkt, den Jakobimarkt. Er begann jährlich am 25. Juli, dem Tag des Heiligen Jakobus und dauerte zwei Wochen. 1890 erfolgte der Abriss dieser Kirche.

Die neue, 1890 bis 1892 im neugotischen Stil erbaute Jakobikirche entstand am Donatsfriedhof, wo im Mittelalter die Kirche St. Donat der Bergmannssiedlung gestanden hatte; Donat war der Schutzherr des Bistums Meißen. Die neue Kirche hat den Taufstein von 1555, die steinerne Kanzel von A. Lorenz (1568), den Altar (von Holzschnitzer Bernhard Dietrich und Tischler Sebastian Grösgen, um 1610) und die Silbermannorgel von 1716/17 übernommen. Das Altarkreuz aus der Zeit von 1700 bis 1725 ist eine Elfenbeinschnitzerei von Balthasar Permoser (1651-1732), dem Bildhauer des Dresdener Barocks. So ist die Kirche St. Jakobi Freibergs jüngste Kirche, aber Freibergs älteste Kirchgemeinde!

Erinnerung an die Reformation, Pfarrgasse 18

Erinnerungen an die Reformation

In unmittelbarer Nähe sind zwei Häuser zu nennen, die mit Inschriften auf die Reformationsjahre in Freiberg verweisen. Über der Eingangstür des Hauses Pfarrgasse 18 lautet der Spruch „GOTTES WORT BLEIBET EWIK 1528". Die Gedenktafel am Haus Donatsgasse 23 nennt den Spruch „ICH WEIS DAS MEIN ERLÖSER LEBT 1561"; darunter steht ein Bergmann mit Erztrog, Schlegel und Eisen.

Donatsgasse 23

Das Martin-Planer-Haus

Das rekonstruierte Haus Pfarrgasse 20 hat von 1563 bis 1568 Bergmeister Martin Planer (1510-1582) bewohnt. Er bewies ein vielseitiges technisches Können, sowohl mit der Grabung der Brunnen auf der Augustusburg (1568-1572, 130,6 m Tiefe), dem Königstein (1562-1571, 152,5 m Tiefe) und der Errichtung der Wasserversorgung auf Burg Stolpen (1560-1563, Brunnentiefe 82 m). Planer hat Mitte des

16. Jahrhunderts die Nutzung der Wasserversorgung erzgebirgischer Flussläufe durch Bau von Gräben und Röschen zum Antrieb von Maschinen in den Freiberger Silberbergwerken eingeführt. Durch Einbau von Wasserrädern in den Thurmhofschacht förderte er die technische Entwicklung seiner Zeit.

Der Donatsturm
Am höchsten Punkt der Donatsgasse befindet sich der 35 m hohe Donatsturm, der 1455 vollendet wurde. Der Eingang liegt in einer Höhe von 7 m und hatte eine feste Verbindung mit dem anschließenden Wehrgang. Die Mauer des Turmes wies ursprünglich eine Stärke von 5 m auf und nach einer Innenentkernung sind es immer noch beachtliche 2 bis 3 m. Damit bot er bereits Schutz gegen frühe Feuerwaffen. Im Verteidigungsfall hatte er eine wichtige strategische Bedeutung, denn hinter den Schießscharten waren Hakenbüchsen und kleine Kanonen stationiert. Die einst die Spitze krönende Wetterfahne hatte Kunstschmied Gabriel Mehner 1670 hergestellt, die heutige Kopie fertigte Gürtlermeister Frank Reichelt, Freiberg. Die Erneuerung der Turmhaube erfolgte 1995/96 durch Dachdeckermeister Woldemar Haubold, Freiberg.
Durch das Donatstor sind jahrhundertelang die Bergleute täglich zur Schicht gegangen, denn am Stadtrand lagen viele Gruben, die nicht alle die Zeiten überdauerten. Der jetzige Torbogen wurde erst 1923 errichtet.

Sage: Die Bergleute bezahlen den Bau des Donatsturmes
Als Freiberg wegen seines Reichtums mancherlei Angriffe räuberischer Truppen zu erdulden hatte, beschlossen die Bürger, die Stadt mit hohen Mauern und einem tiefen Graben zu umwehren. Lange wurde gebaut, und sie ließen es sich ein gutes Stück Geld kosten. An den Toren erhoben sich stattliche Türme, kleinen Befestigungsanlagen gleich. Nur am Donatstor war kein Turm vorgesehen. Da traten die Bergleute zusammen und zahlten von ihrem Lohn täglich einen Pfennig. Von diesem Gelde haben sie den runden und sehr starken Donatsturm erbauen lassen.

Der Donatsfriedhof
Nach dem Verfall der Donatskirche legte Bürgermeister Ulrich Rülein von Calw im Pestjahr 1531 hier, außerhalb der Stadtmauer, einen Pestfriedhof an. Seine Pestordnung wurde gewissen hygienischen Forderungen gerecht, keine Bestattungen von an der Pest Verstorbenen auf Kirchhöfen im Stadtbereich zuzulassen. Daraus entwickelte sich generell der neue Friedhof vor der Stadt. In seinem ältesten Teil weist er einen parkähnlichen Charakter auf und alte Grabsteine vermitteln eine Begegnung mit berühmten Freiberger Persönlichkeiten, die hier ihre letzte Ruhestätte gefunden haben. Zu ihnen gehören u.a. A. W. Lampadius, von Trebra, C. G. Rochlitzer, E. Heuchler, K. Kegel, A. Lissner, A. Jurasky, F. Kögler oder der Chirurg A. Ladwig. Credo des unvergessenen Organisten Hans Otto: Musica praeludium vitae aeternae.

Am Donatsring

Die restaurierte Stadtmauer vom Donatsturm bis zur Terrassengasse zieht sich wie ein romantischer Fußweg an der restaurierten Stadtmauer entlang. 39 Mauertürme unterstützen die Verteidigungsanlage, die durch einen tiefen Graben und eine stückweise erhaltene Vormauer verstärkt wurde.

Das Krankenhaus

Am Donatsring steht als bedeutendstes Gebäude das Krankenhaus der Stadt. Es wurde 1861, als eines der ältesten in Sachsen errichtet. 1928/30 erfolgte eine Modernisierung durch Ausbau einer chirurgischen und medizinischen Station. Eine Blutspendezentrale entstand 1954, die Frauenklinik und die Kinderklinik erhielten eigene Gebäude. Erweiterungen erfolgten 1977 und 1995. Eine 1948 an der Parkstraße eingerichtete Poliklinik bestand bis 1992, ihr Abriss erfolgte 1996.

Donatsfriedhof und Donatsturm

Das Kreiskrankenhaus Freiberg als gGmbH verfügt heute über hervorragende medizinische und technische Voraussetzungen zur Versorgung und Betreuung der Patienten.

Das Lederinstitut

Am Donatsring – Terrassengasse liegen auch die Gebäude des Forschungsinstitutes für Leder- und Kunststoffbahnen gGmbH. In früheren Jahrzehnten haben Studenten aus allen Ländern, in denen es eine lederverarbeitende Industrie gab, an diesem Forschungsinstitut und der Deutschen Gerberschule ihr Wissen erweitert.

VOR DEN TOREN DER ALTSTADT

Von den fünf Stadttoren aus führten die Hauptstraßen zu den benachbarten Städten bzw. Orten – nach Chemnitz, Erbisdorf, Dresden, Meißen, Roßwein und Hainichen. An diesen Ausfallstraßen und im Gebiet zwischen ihnen entstanden Vorstädte, die recht nahe an die Dörfer Freibergsdorf, Friedeburg, Loßnitz und Lösnitz grenzten. Nachweisbar entstand von 1548 an am Rande des einstigen Kirchhofes von St. Petri am Roten Weg und beiderseits der Langen Straße das Judenviertel.

Durch den Aufbau sich ausbreitender Industriebetriebe, besonders der Eisengießerei Paschke und einigen Webereien und Düngemittelfabriken, entwickelte sich mit dem Bau der Eisenbahnlinie Dresden–Freiberg (1862) und Freiberg–Chemnitz (1869) die **Bahnhofsvorstadt**. Bald dehnte sich die rasch bebaute Fläche auch jenseits der Bahnlinie bis zur Brunnenstraße aus. Hier setzte 1956 der Neubau von Wohnungen am Wasserberg ein, der sich inzwischen bis zur Höhe des Forstweges erstreckt und von den Bauten an der Chemnitzer Straße begrenzt wird. Längst ist die um 1800 angelegte, knapp 500 m lange Seilerbahn neben der Straße nach Brand-Erbisdorf zur Herstellung von Hanf- und Eisendrahtseilen dem Wohnungsbau gewichen. Dominierte in der **Sonnenradsiedlung** um 1934 noch der Bau von Ein- und Zweifamilienhäusern, überwogen zu DDR-Zeiten aus Rentabilitätsgründen bei der Errichtung von Wohnungen am Wasserberg, am Seilerberg und in Friedeburg Mietblocks in nüchterner Großplattenbauweise, die auch für Schulen und andere Zweckbauten vorherrschte. Die Bewohner brachten jedoch mit blumenreicher Balkongestaltung Farbtupfer in die Straßenblöcke.

Der Name der einstigen Gärtner- und Häuslersiedlung „**Friedeburg**" geht auf Gottfried Pabst von Ohain (1656-1729) zurück, dessen Herrenhaus zwischen Kellermannstraße und Witzlebenstraße noch existiert. Pabst von Ohain hat auf Anordnung des Kurfürsten mit dem Physiker Ehrenfried Walter von Tschirnhaus (1651-1708) den Apotheker und „Goldmacher" Johann Friedrich Böttger (1682-1719) bei der Herstellung von Porzellan weitgehendst unterstützt. Beide haben Böttger die technischen und wissenschaftlichen Grundlagen zur Porzellanherstellung geliefert. Die Wurzeln des Meißner Porzellans liegen also auch in Freiberg. Im 20. Jahrhundert siedelte sich die Porzellanindustrie in Freiberg an.

Friedeburg vorgelagert ist das Gelände des alten Schießplanes der früheren Schützengilde zwischen Gellertstraße und Heinrich-Heine-Straße. Überragt wird Neufriedeburg an der Hainichener Straße vom 1985 eingeweihten Tempel der „**Kirche Jesu Christi der Heiligen der Letzten Tage**", der in seiner Bauweise die Aufmerksamkeit der Vorüberfahrenden auf sich lenkt. Vor seiner Einweihung hatten sich etwa 92 000 Besucher zur Besichtigung eingefunden. Anderthalb Jahrzehnt später wurde eine Erweiterung durch Mitgliederzuwachs und eine erneute Einweihung erforderlich. Die Gestalt des Engels Moroni ist weithin sichtbar.

Mormonentempel

Blick von der Halde zum Besucherbergwerk „Alte Elisabeth" zur Stadt. Im Vordergrund Seilscheiben eines alten Förderturmes.

ERINNERUNGEN AN DEN HISTORISCHEN BERGBAU

Die Rote Grube
Mit Recht wurde Freiberg in das Touristenprojekt „Sächsische Silberstraße" eingebunden, das Bergstädte von Zwickau bis Dresden berührt. Zeugnisse alter und jüngster Bergbaugeschichte begegnen dem Besucher auf Schritt und Tritt auch vor den einstigen Toren der Stadt. Seit 1384 ist die Rote Grube am heutigen Busbahnhof nachweisbar, obwohl ihr Richtschacht erst von 1848 bis 1856 für den Bau des Rothschönberger Stollns geteuft wurde. Das in 80 m Tiefe seit 1856 betriebene Kehrrad von 12 m Durchmesser war bis zum 7. Oktober 1944 in Funktion, als das Treibehaus durch Bombentreffer zerstört wurde.

Der Kuhschacht
Am Wernerplatz, der 1870 aus der Viehgasse (der unteren Bahnhofstraße), der planierten Halde des Kuhschachtes und dessen Nachbargassen (der Einmündung der Buchstraße in die Bahnhofstraße) gebildet wurde, steht mit Nr. 15 das einstige Huthaus vom Kuhschacht-Fundgrube, die von 1710 bis 1765 sehr ergiebig war und auf deren Treibehaus ein Pferdegöpel betrieben wurde. Das 1995 eingeweihte und Alexander von Humboldt und Johann Carl Freiesleben gewidmete Denkmal erinnert an die gemeinsam im Winter 1791/92 durchgeführten Temperaturmessungen im Kuhschacht.
Desgleichen existierte in der Bahnhofsvorstadt, dem einstigen Stadtteil Neue Sorge, seit 1769 im Rothkühschachter Huthaus (ehemaliges Bahnpostamt) ein Bergstift zur Betreuung kranker und verletzter Bergleute. 1844 wurde es in die nach ihm benannte Bergstiftsgasse Nr. 15 verlegt.

Mit den nach A. v. Humboldt, A. G. Werner und L. v. Buch benannten angrenzenden Straßenzügen werden berühmte Freiberger Persönlichkeiten der naturwissenschaftlichen Forschung und Lehre geehrt. Und der Straßenname „Eherne Schlange" bezog sich auf eine Grube, die von 1543 an mit größeren Unterbrechungen bis 1753 Erz lieferte.

So bildeten zuweilen Gruben Kristallisationskerne für weitere Bebauungsgebiete. Abseits der Frauensteiner Straße erinnern der St. Peterschacht und Am Maßschacht an altes Bergbaugelände.

Die drei Kreuze
Bis weit über die Bergstadt Brand-Erbisdorf hinaus fallen dem Besucher beidseitig der B 101 baumbewachsene Schachthalden auf. Diese Bergbauhalden stehen unter Denkmalschutz und bedürfen mit ihrer interessanten Haldenflora des Naturschutzes.

Drei Kreuze, gelegen an einem alten Häuersteig (unweit der B 101)

Außerhalb Freibergs, unmittelbar gegenüber dem Gewerbegebiet Am Häuersteig, stehen im freien Feld die erstmals 1564 erwähnten „Heiligen drey Creutze nachm Branntt". Sie liegen an einem alten Häuersteig und stammen aus vorreformatorisch-katholischer Zeit. Für die Unterhaltung dieser bergmännischen Andachtsstätte (auch Kalvarienberg genannt) hat sich immer die Knappschaft verantwortlich gefühlt. Für den historischen Inhalt nachfolgender Sage gibt es absolut keine Nachweise, Chronist Möller verliert kein Wort darüber. Die Sage existiert in gedruckter Form auch erst seit 1820, ist aber als Volkserzählung seitdem Bestandteil des einheimischen Sagenschatzes.

Sage: Die drei Kreuze.
In einem Krieg um 1296/97 gelang den Belagerern der Bergstadt die Gefangennahme eines jungen Burschen, der unbemerkt die Stadt verlassen hatte. Den Tod vor Augen, zeigte er den Belagerern einen geheimen Weg in die Stadt. Durch eine Bresche in der Stadtmauer, durch das ein Bächlein floss, drangen die Feinde zur Nachtzeit in die Stadt ein, öffneten die Stadttore und eroberten die Stadtviertel.

Plündernd zogen sie durch die Straßen. Raub und Mord waren die Folgen des Verrats. Da erschien der Bürgermeister mit seinen Stadträten vor König Adolf von Nassau und bat um Gnade. Gegen eine Brandschatzung von 3500 Mark feinen Silbers gewährte der König einige Tage Frist, behielt aber drei Ratsherren als Geiseln im Lager Mönchenfrei.

Ob diese nun heimlich zur Flucht aufgefordert worden waren oder selbst den Fluchtplan in die Tat umsetzten, um ihrer Stadt das Lösegeld zu ersparen, ist ungewiss. Den drei Ratsherren gelang die Flucht aus dem schwer bewachten Lager, doch unweit der Stadt wurden sie von Hunden gestellt, wieder eingefangen und im Morgengrauen enthauptet. Die Köpfe steckte man auf Stangen und stellte diese vor der Stadtmauer auf. Zum Andenken soll später die Stadt Freiberg an der Stelle der Hinrichtung die drei Kreuze errichtet haben.

Das Sächsische Lehr- und Besucherbergwerk Himmelfahrt-Fundgrube
„Himmelfahrt-Fundgrube" ist das größte sächsische Silberbergwerk in einem 5 mal 6 km großen Gebiet, das hauptsächlich im Norden und Osten vor dem Meißner Tor und Donatstor der Freiberger Altstadt liegt, aber auch Schächte innerhalb der Stadtmauer hat. Bis zu 2800 Bergleute arbeiteten im 19. Jahrhundert im „unterirdischen Freiberg" und den angeschlossenen Aufbereitungsanlagen. Bis zum Jahre 1965 war dieses Erzbergwerk in Betrieb, zuletzt für die Gewinnung von Blei- und Zinkerzen. Heute wird die „Himmelfahrt-Fundgrube" als Sächsisches Lehr- und Besucherbergwerk von der TU Bergakademie Freiberg und einem Förderverein für Bildungs- und Forschungszwecke betrieben.
Dazu werden zwei Schächte unterhalten:
Für das Ein- und Ausfahren mittels Seilfahrt der Schacht „Reiche Zeche"; der Schacht „Alte Elisabeth" ist aus Sicherheitsgründen als Zweitschacht erforderlich,

Lehr- und Besucherbergwerk „Reiche Zeche"

hat aber mit seinen in Sachsen einmaligen historischen Innenausstattungen der Tagesanlagen zugleich hohen Stellenwert als technisches Denkmal und als Besucherobjekt. Überhaupt ist die Himmelfahrt-Fundgrube das letzte und zugleich repräsentativste Bergwerk des 800-jährigen sächsischen Silberbergbaus und eines der letzten Erzbergwerke Deutschlands.

Von den ehemals bis zu 800 m Tiefe reichenden 20 etagenartigen Sohlen sind heute noch vier Sohlen erschlossen. Der unterirdische Bereich der Strecken und Stolln und schachtartigen Verbindungen zwischen den Sohlen beeindruckt besonders, weil hier erkennbar wird, wie hart und schwer die Arbeit der Bergleute in den schmalen und engen Grubenbauen war. Mit Schlägel und Eisen wurden gerade etwa 15 cm Vortrieb pro Hauer und Woche erreicht. In größeren Abständen findet man heute noch eingemeißelte Jahreszahlen, die jeweils erreichte Ortsbrust lokalisierte. Hohe Staubbelastung, schlechte Bewetterung und mangelnde Helligkeit erschwerten die Arbeit.

Alle Grubenbaue unterhalb des tiefsten Stollns in 230 m Tiefe sind heute mit konstant bleibendem warmen Grundwasser gefüllt. Dieser insgesamt über 50 km lange „Rothschönberger Stolln" führt das Wasser über die Triebisch in die Elbe nach Meißen. Das Thema „Energieumsetzung im historischen Bergbau", insbesondere die Nutzung der Wasserenergie erzgebirgischer Flussläufe, bietet viele interessante Sachzeugen. Während der untertägigen Wanderungen kann man sehr lebensnahe die bergmännische Arbeitswelt von einst und heute kennen lernen.

Das Drusenkabinett auf Schacht „Reiche Zeche"
Eine faszinierende Welt der Minerale erwartet den Besucher im Drusenkabinett der Saxonia Freiberg Stiftung auf Schacht Reiche Zeche. Die Ausstellung zeigt die Mineralien nicht nach wissenschaftlichen Gesichtspunkten wie in der Mineralogischen Sammlung des „A. G. Werner-Baus" geordnet, sondern stellt prächtige Stücke aus, die beim Buntmetall-Abbau in den letzten Jahrzehnten in Gruben des Freiberger Reviers gebrochen wurden. Drusen sind mit freien Kristallen bewachsene Hohlräume.

Die Alte Elisabeth
Der Übertage-Besuch der „Alte Elisabeth" ergänzt diese Eindrücke in bester Weise. Hier findet man viele Unikate aus der Geschichte der Bergbautechnik. Auf der Scheidebank erfolgte das Vorsortieren der Erze vor ihrer Aufbereitung und Verhüttung. Im Maschinenhaus steht die einzige noch erhaltene Dampffördermaschine des sächsischen Erzbergbaus: 1849 wurde diese Balancier-Dampfmaschine von 12 PS zur Förderung und Wasserhaltung eingebaut. Sie war nicht nur bis zur Einstellung des Betriebes im Jahre 1913 voll funktionsfähig – sie ist es auch heute noch! Die Chemnitzer Firma Pfaff hat sie in damals üblicher sächsischer Qualität gebaut. Die hier ebenfalls zu sehende Wassersäulenmaschine von C. F. Brendel war im 8. Lichtloch des Rothschönberger Stollns in Betrieb,

Tagesanlagen der Grube „Alte Elisabeth"

und ein technisches Denkmal der Hüttenindustrie ist mit 33 t Masse und 7,5 m Höhe das Schwarzenberggebläse, stationiert von 1831 bis 1925 in der „Königlichen Antonshütte".

Die Betstube liegt im ursprünglichen Huthaus, wo sich die Bergleute zum Gebet vor der Einfahrt versammelten und die Steiger ihre Gerätschaften aufbewahrten. Auf einem Orgelpositiv wird auch in unseren Tagen in der Weihnachtszeit zu Mettenschichten gespielt.

Die großen, hoch über der Stadt gelegenen Halden der beiden Schächte bieten den besten Rundblick über Freiberg und seine Umgebung. Richtungsweiser helfen dem interessierten Betrachter die Sehenswürdigkeiten zu entdecken.

Hier im Freiberger Revier kann man Bergbau so echt wie selten woanders erleben. Die „Himmelfahrt-Fundgrube", die vielen Sachzeugen im etwa 30 mal 40 km großen Silberbergbaurevier, die Bergstadt selbst mit ihren vielen Sehenswürdigkeiten zu „Bergbau und Kultur" und nicht zuletzt die Vorzüge der TU Bergakademie machen Freiberg als älteste Bergstadt Sachsens zum i-Punkt für eine Reise entlang der „Silberstraße", die von Zwickau über das Erzgebirge bis nach Dresden führt.

Sage: Der Berggeist am Donat
Es hat einmal am Donat, einer Grube zwischen Reiche Zeche und Alte Elisabeth gelegen, ein armer Bergmann namens Hans gearbeitet, der so arm war, dass er

in der Grube unter Tränen über seine Dürftigkeit weinte. Eines Tages teilte sich plötzlich der Felsen vor ihm und aus dem steinernen Tor trat der Berggeist und sprach: „Hans, ich will dir helfen, aber du musst mir in jeder Schicht dafür ein Pfenniglicht und ein Pfennigbrot geben und keinem Menschen etwas davon sagen". Hans erschrak zwar, doch da der Berggeist guter Laune war, versprach er alles. Der Berggeist ließ ihm viel Silbererz zurück. Von nun an hatte Hans Geld im Überfluss, gab auch viel aus, aber hütete sich wohl, die Quelle zu verraten.

Da kam der Tag des Stollnbieres, an welchem die Bergleute gewöhnlich etwas über den Durst zu trinken pflegten. Dies tat leider auch Hans. Bald war er betrunken, vergaß sein Versprechen und erzählte den Knappen, was ihm begegnet war. Am anderen Tag, nüchtern geworden, erinnerte er sich an sein Geschwätz. Doch er konnte das Gesagte nicht wieder zurücknehmen. Mit Zittern und Zagen fuhr er ein. Seine Aufgabe war, den Knechten am Haspel ein Zeichen zu geben. Dieses Zeichen ließ lange auf sich warten. Als es am Seil zuckte, drehten die Knappen den Rundbaum und förderten einen Kübel zu Tage. Statt des Erzes lag in ihm der tote Bergmann Hans, rings um ihn brannten die Pfenniglichter und dabei war das letzte Pfennigbrot.

Auf dieser Strecke förderte man keinen Eimer Silbererz mehr, nur noch taubes Gestein.

Das historische Kavernenkraftwerk

Zwischen dem Gasthaus „Zum letzten 3er" und Brand-Erbisdorf liegen der Konstantin- und der Dreibrüderschacht. In ihren unterirdischen Anlagen gibt es ein Kavernenkraftwerk, das von 1913 bis 1945 und von 1953 bis 1970 in Betrieb war. Ein Förderverein bewahrt diese in unserem Raum einmalige Tradition und bemüht sich, die Stromerzeugung wieder aufzunehmen. Für den Antrieb der Turbinen dient Aufschlagswasser aus dem von Freiberger Bergleuten vom 16. bis 19. Jahrhundert geschaffenen Wasserfließ- und Speichersystem im Osterzgebirge.

Schaltwarte „Drei-Brüder-Schacht"

Schauschmieden im Freibergsdorfer Hammer

Über die Anton-Günther-Straße, die Brunnenstraße und den Hammerweg ist der alte Freibergsdorfer Hammer zu erreichen. Als einziges von einst acht um Freiberg befindlichen Hammerwerken, u. a. in Obergruna, Hilbersdorf, Halsbrücke und Langenau, ist es wieder funktionsfähig. Erstmals wurde es 1607 erwähnt, als dem damaligen Besitzer Ernst Schönlebe das für seinen Hammer benötigte Wasser zugesprochen wurde. In späteren Jahrzehnten gehörte das Hammerwerk zum Rittergut Freibergsdorf, zu verschiedenen Hammerschmieden und auch zum Hospital St. Johannis. 1974 wurde es stillgelegt. Fünf Jahre später begann unter Eberhard Löffler, dem Enkel des letzten Pächters, eine arbeitsintensive Rekonstruktionsphase. Mit der originalgetreuen Ausbesserung und Nachbildung des Dachstuhls, der Wasserräder, des Hammergerüstes, der Wasserkästen und der Besorgung der Hammerbären vergingen zehn Jahre.

Freibergsdorfer Hammer

Heute ist der Freibergsdorfer Hammer eine Schauanlage, die zugleich Sachzeuge für Maschinen- und Werkzeugproduktion des Freiberger Montanwesens ist.

Das oberschlächtige Wasserrad von 4 m Durchmesser und 1,12 m Breite wird vom Hammerteich aus mit Aufschlagwasser betrieben. Eine 9 m lange Eichenholzwelle überträgt die Kraft auf die drei Schmiedehämmer, die ein Gewicht von zwei bis sieben Zentner haben. Ein zweites, nur 0,50 m breites Wasserrad treibt ebenfalls oberschlächtig die beiden Holzkastengebläse an.

In modernen Hüttenwerken, die nach der bestverfügbaren Technologie arbeiten, wird die jahrhundertlange Freiberger Hüttentradition fortgesetzt. In der damaligen Zinkrecycling Freiberg GmbH wurden diese Technologien, die heute weltweit genutzt werden, selbst entwickelt. Insbesondere mit dem SHDL-Verfahren, so genannt nach den Erfindern Saage, Hasche, Dittrich und Langbein, konnten der Energieverbrauch und damit die CO_2-Emission halbiert und die spezifische Leistung um 50% gesteigert werden. Fachleute schrieben von einem Quantensprung bei der Verwertung von Stahlwerkstäuben zur Erzeugung hochwertigen Zinkoxids. Nach der erfolgreichen Einführung der neuen Verfahren in Freiberg konnten umfangreiche Investitionen realisiert werden. Aus der europaweit kleinsten Zinkrecycling, deren Stilllegung als unvermeidlich galt, wurde die größte und modernste. Besucher beider Hütten sind meist über den hohen Automatisierungsgrad überrascht. Die wesentlichen Anlagenteile werden mit einem Mausklick gesteuert.

Auf dem traditionsreichen Gelände in Muldenhütten, auf dem bereits im 14. Jahrhundert eine Hütte betrieben wurde, erfolgte 1993/94 die komplette Modernisierung der Bleihütte. Das dabei eingeführte Engitec-Verfahren ermöglichte eine vollständige Verwertung des Akkuschrotts, dem wichtigsten Rohstoff. Neben Blei und Bleilegierungen werden Polypropylen, Natriumsulfat und seit 2009 auch Elektroenergie gewonnen. Diese moderne Technologie gab der Bleihütte ein positives Image. Besucher der Akkuschrottaufbereitung ziehen heute sogar Vergleiche mit Molkereianlagen.
Nach der Wende forderten viele Freiberger die Errichtung von High-Tech-Anlagen in ihrer Stadt. Auch in den Hütten wurde diese Forderung erfüllt.

Herders Ruhe
Außerhalb der Berghauptstadt, benachbart zur „Reichen Zeche", liegt die Halde der ehemaligen Grube „Heilige drei Könige". In dieser alten Bergbaulandschaft wurde dem Oberberghauptmann von Herder (siehe auch Herderhaus), der sich selbst „der Knappen treuester Freund" nannte, die letzte Ruhestätte bereitet. Am 1. Februar 1838 erfolgte bei Grubenlicht und Fackelschein seine Beisetzung, und eine Bergparade von 747 Mann gab ihm das letzte Geleit. Der Entwurf der Ruhestätte stammt von Professor E. Heuchler.

Grabmal „Herders Ruhe"

AUSFLÜGE ZU TECHNISCHEN DENKMALEN

Von den Gruben in Etzdorf bis zu den Pingen in Seiffen, vom bergbauträchtigen Siegfried am Hang des Großen Striegistales in Bräunsdorf bis zum Floßgraben von der Flöha zur Freiberger Mulde bei Clausnitz – das Freiberger Land wurde in acht Jahrhunderten von Bergbau und Hüttenwesen geprägt. So erinnern auch in Obergruna, Kleinvoigtsberg, Großvoigtsberg, Großschirma, Rothenfurth, St. Michaelis und in anderen Orten erhalten gebliebene ehemalige Bergschmieden oder Schachthäuser, Erzwäschen oder Huthäuser an die schwere Arbeit unserer Vorfahren.

Zur Ruine des ersten Kahnhebewerkes der Welt
Zwischen Halsbrücke und Rothenfurth liegt im Tal der Freiberger Mulde die Ruine des ersten Kahnhebehauses der Welt. Kunstmeister Johann Friedrich Mende (1743-1798) hatte 1788/89 von der Grube „Churprinz" in Großschirma einen Kanal nach Halsbrücke ausbauen lassen, um Erze auf dem Wasserwege in die Hütte zu befördern. Die Kähne waren 8,50 m lang, konnten mit zwei bis drei Tonnen Erz beladen werden und wurden von je drei Mann flussaufwärts getreidelt. Um jedoch den Höhenunterschied zu überwinden, war ein Hebewerk erforderlich, dessen fünffacher Flaschenzug die Kähne aus dem Wasserbecken um 7,50 m höher hob. Mit einer Laufkatze rollte man den Kahn über den Oberkanal, der zur Hütte führte, und senkte ihn nun ab. Über acht Jahrzehnte war dieser Kanal in Betrieb. 1988 wurde die Ruine des Hebehauses restauriert.

Die Grabentour und der Rothschönberger Stolln
Abseits des Verkehrsgebietes Freiberg–Nossen verläuft im Bobritzschtal die „Grabentour", ein reizvoller Wanderweg von Krummenhennersdorf nach Reinsberg. Der Wassergraben entstand in Zusammenhang mit dem Bau des Rothschönberger Stollns. Zum Antrieb der Bergmaschinen während des Baues des Stollns war Aufschlagwasser erforderlich, das aus der Bobritzsch bei der Krummenhennersdorfer Mühle abgezweigt wurde. Der Graben versorgte das 4. und 5. Lichtloch und wurde zwischen 1844 und 1846 angelegt. Er hat eine Länge von 3556 m, davon sind 1651 m offener Graben und 1905 m unterirdische Rösche. Im Bereich der Grabentour befindet sich das verfüllte 5. Lichtloch. Das 4. Lichtloch befindet sich in Oberreinsberg als 84 m tiefer Schacht, bis zu dem der Bobritzschgraben führt. Hier bietet sich dem Wanderer eine romantische Landschaft dar.

Der Rothschönberger Stolln–zuweilen bezeichnet als „Jahrhundertbauwerk"–entstand als Hauptstolln zur Wasserabführung aus dem Freiberger Revier von 1844 bis 1877. Er beginnt am Hauptstollnmundloch an der Triebisch bei Rothschönberg. Südlich des Erzganges „Halsbrücker Spat" endet der fiskalische Teil nach 13,9 km; die von den Bergbau-Unternehmen weitergetriebenen Trakte setzen ihn fort von Halsbrücke aus über Freiberg, Zug, Brand-Erbisdorf bis Langenau. Er erreicht mit allen Abzweigungen eine Gesamtlänge von 51 km und gehört zu den umfangreichsten Stollnsystemen der alten Silberbergbaureviere. Der Rothschönberger

Stolln ist auch heute noch zu Kontrollzwecken mittels Kahn zu befahren. Dieses (mit 11,3 Millionen Mark erbaute) Entwässerungssystem legt ein beredtes Zeugnis ab von der bergmännischen Kunst Freiberger Markscheider und Bergleute. Erstmals wurde hier der Theodolit von Akademieprofessor Julius Weisbach im Bergbau eingesetzt.

Das Zylindergebläse in Muldenhütten
Als einzigartiges technisches Denkmal von europäischem Rang steht das dreizylindrige Balanciergebläse in der Hütte Muldenhütten noch am Originalstandort. 1828 im Eisenwerk Lauchhammer produziert und hier in der Schmelzhütte in Betrieb genommen, sorgte es bis 1954 für die notwendige Gebläseluft bei den Schmelz- und Schmiedeprozessen. Die Fachgruppe Hüttengeschichte betreut dieses rekonstruierte Sachzeugnis des sächsischen Maschinenbaus und Hüttenwesens.

Zylindergebläse in Muldenhütten

EINIGE BERGMANNSTRADITIONEN

Porzellanglockenspiel „Glückauf der Steiger kommt".
Mittags 11.15 Uhr und nachmittags 16.15 Uhr spielt das Meißner Porzellanglockenspiel im Freiberger Rathausturm das Steigerlied „Glück auf". Die älteste Fassung dieses Liedes, von Pfarrer Christian Lehmann (1611-1688) im Jahre 1681 festgehalten, hat sich von „Frisch auf, der Steiger kömmt" über „Wach auf: Der Steiger kommt" zum heutigen „Glück auf, der Steiger kommt" erhalten. Heute ist es das Freiberger Heimatlied geworden, und zu den traditionellen Versen fügen Studenten weitere Strophen zum mitternächtlichen „Schichtwechsel" bei ihren Veranstaltungen hinzu.

„Glück auf" als Bergmannsgruß, in Freiberg 1674 erstmals zum Gregoriusfest (überliefert, aber sicher schon Jahrzehnte früher) gerufen, bringt den Wunsch des Bergmanns zum Ausdruck, das Glück solle ihm seine Erzgänge auftun, damit der Schürfende fündig werde. Der Gruß war die Bitte um weitere erfolgreiche Ausbeute und ist in allen deutschsprachigen Bergbaugebieten heimisch geworden.

Bergparaden

In der Altstadt Freibergs fanden viele Freiberger Bergparaden statt und ihren festlichen Abschluss auf dem Obermarkt. Sie erfreuten sich bei den Berg- und Hüttenleuten großer Beliebtheit und haben eine lange Tradition im sächsischen Bergbau. Einer der ersten Bergaufzüge erfolgte 1557 anlässlich des Besuches von Kurfürst August und Kurfürstin Anna in Freiberg. 1719 veranstaltete August der Starke zur Hochzeit seines Sohnes gar einen Bergaufzug im Plauenschen Grund bei Dresden, um seinen ausländischen

Bergparade zum 24. Bergstadtfest

Bergmännisches Konzert in der Betstube des „Alten Elisabeth"

Gästen die Quelle seines Reichtums zu demonstrieren. Unter Leitung des Oberberghauptmanns von Vitzthum (Amtszeit 1714-1730) huldigten dabei Freiberger Berg- und Hüttenleute ihrem Fürsten und dem Brautpaar. Als Höhepunkt wurde im Festzug ein Schmelzofen in Tätigkeit mitgeführt und vor der Tribüne der Abstich vollzogen.

Zur Huldigung an Kurfürst Friedrich August II. von Sachsen und König August III. von Polen (1696-1763, Kurfürst und König ab 1733) wurde eine Medaille mit der Inschrift geprägt „Freyberg die alte und getreue verspricht die alte Treue aufs neue". Andere Anlässe zu Paraden ergaben sich bei der Ernennung und Beförderung oder als Trauergeleit für verstorbene Bergbeamte. Üblich war auch das Paradieren vor hohen Gästen und zur jährlichen „Streitparade" am 22. Juli, dem Tage Maria Magdalena.

Die Teilnahme an den Bergparaden gehörte zu den Privilegien der Berg- und Hüttenleute. Auch wenn es über die Jahrhunderte hindurch immer wieder verschiedene Uniformen und geänderte Reihenfolgen in der Marschordnung gegeben hat, so demonstrieren die Häuer, Schmiede, Bergmaurer, Amalgamierer, Schmelzer und Hüttenarbeiter hinter Musik und Fahnen, angeführt vom berittenen Oberberghauptmann, doch stets die besondere Bedeutung ihrer Berufe vor allen anderen. Oberberghauptmann von Herder legte großen Wert auf die Entwicklung weiterer Traditionen und gründete ein Bergmusikkorps und einen Bergmusikantenverein. Auf Herder geht auch die Einbeziehung der Russischen Hörner in die Paraden zurück.

Seit der 800-Jahr-Feier im Jahre 1986 hat die Parade der „Historischen Freiberger Berg- und Hüttenknappschaft" wieder einen festen Platz im kulturellen Leben der Stadt, seinerzeit finanziell unterstützt von Otto Ritschel, dem Direktor des Berg- und Hüttenkombinates „Albert Funk". Mit den Bergbrüderschaften des oberen Erzgebirges wird beste bergmännische Tradition bewahrt.

Das Singspiel „Der Bergmannsgruß"
Als Dichtung entstand 1831 auf der Grube Churprinz zu Großschirma das Melodram „Bergmannsgruß". Den Text schrieb Moritz Wilhelm Döring, der auf Wunsch seines Freundes Oberberghauptmann von Herder „Sächsische Bergreihen" sammelte. Die Vertonung für Soli, Chor und Orchester nahm A. F. Anacker vor, Direktor der Singakademie, Lehrer und Kantor. Die Erstaufführung fand 1831 statt, 1833 erfolgte eine Aufführung vor dem König. Nach einer Aufführung 1957 dauerte es bis zum 11. Bergstadtfest 1996, bis die Eröffnung „Das Glöckchen klingt, der Morgen graut, da wirds im Bergmannsstübchen laut..." mit Beifall aufgenommen wurde. Der „Bergmannsgruß" wurde zuweilen als „Dichtung über den braven, gott- und obrigkeitsergebenen" Bergmann bezeichnet. Gewiß, Döring stellte das Bergmannsleben sehr romantisiert dar. Wir meinen, dass dieses Singspiel ganz einfach als Bestandteil der Freiberger Bergkultur jener Zeit zu werten ist und nicht in Vergessenheit geraten darf.

FORSCHUNG FÜR DIE ZUKUNFT

2007 beging Freibergs Halbleiterindustrie den 50. Jahrestag der Gründung von Hightech-Firmen. 1959/60 begann im VEB Spurenmetalle Freiberg die Herstellung von Reinstsilizium für Halbleiter. Auf einem neuen Industriestandort, an der Berthelsdorfer Straße und Am Junger-Löwe-Schacht, hatte ein moderner Industriezweig die Silbergewinnung abgelöst. Dies hatte größten Einfluss auf die weitere wirtschaftliche Entwicklung Freibergs.

–Freiberger Compound Materials GmbH (FCM) (Standort Am Junger-Löwe-Schacht 5) produziert Galliumarsenid-Scheiben für die Mikro- und Optoelektronik. Beteiligt waren an diesem Unternehmen die israelische Federmanngruppe und die Siemens AG. Zur Grundsteinlegung war Firmenchef Yekutiel Federmann anwesend. Gallium Arsenid-Bauelemente werden vorrangig in der Telekommunikation, der Computer- und Bürotechnik eingesetzt.

–Siltronic AG (Standort Berthelsdorfer Str. 113) züchtet Silizium Reinstkristalle bis zu 200 mm Durchmesser. Der Betrieb ist weltweit der drittgrößte Anbieter von Reinstsiliziumeinkristallen für die Halbleiterindustrie.

–Die Deutsche Solar AG entwickelt sich an der B 173. Hier entsteht (Sommer 2009) eine neue Waferproduktion für Photovoltaikzellen bzw. -module. Wafer sind gesägte Siliziumscheiben, sog. Rohlinge für die Erstellung einer Solarzelle. 2002 wurde eine Solaranlage im Vatikan errichtet. 2008 besuchte anlässlich eines Staatsbesuches Fürst Albert II. von Monaco die Produktion von Solar World. Damit erweist sich Freiberg erneut als bedeutender Industrie-Standort.

Solar-World Standort im Gewerbegebiet Süd

Für das persönliche Engagement bei der Privatisierung dieser drei Firmen wurden Dr. Werner Freiesleben, Chemiker, Dr. Y. Federmann und Dr. Woditsch zu Ehrenbürgern der Stadt Freiberg ernannt. 2009 erhielt Peter Woditsch eine Professur an der TU Bergakademie.

Prof. Bernd Meyer, Rektor der TU Bergakademie Freiberg zum Verfahren Syngas to fuel:
Die nachhaltige Bereitstellung von Ressourcen ist heute von grundlegender globaler Bedeutung und wird zukünftig entscheidend für die weitere Entwicklung der Menschheit sein.
Diesem, großen Thema stellt sich die TU Bergakademie Freiberg aufbauend auf den langen Traditionen durch die Einrichtung verschiedener Forschungszentren, die sich mit mineralischen, eisen- und nichteisenmetallurgischen sowie Energierohstoffen beschäftigten und die sich durch internationale Ausstrahlung auszeichnen. So wurde beispielsweise am Standort Reiche Zeche durch den Direktor des Instituts für Energieverfahrenstechnik und Chemieingenieurwesens das Deutsche Energierohstoffzentrum gegründet. Zentraler Punkt ist dabei, Energieträger einer stofflichen Wertschöpfung zuzuführen und nicht nur zu verbrennen. Wichtig ist ebenfalls, regionale Unternehmen mit in diese Forschungsaktivitäten einzubeziehen. So gibt es z. B: eine enge Zusammenarbeit mit einer Chemnitzer Firma bei der Entwicklung von Verfahren für die Herstellung von Kraftstoffen einer neuen Generation. Vorerst entsteht eine Pilotanlage zur Gewinnung hochoktaniger Treibstoffe aus erdölbegleitenden Gasen, die bisher abgefackelt wurden. Das Verfahren trägt die Bezeichnung STF, d.h. Syngas to fuel. Das Ziel ist letztendlich, die Freiberger Alma Mater als „Ressourcen-Universität" und den Standort Freiberg als Kompetenzzentrum für Ressourcenforschung weiter auszubauen.

CHOREN Industries GmbH
Ein anderes Verfahren läuft bei der Firma CHOREN Industries GmbH. Hier gewinnt man aus nachwachsenden Rohstoffen, wie Waldrestholz und Altholz Biokraftstoff Sun-Diesel. Nach der Vergasung der Biomasse erfolgt die Umwandlung in Kraftstoff durch das Fischer-Tropsch-Verfahren.
Bundeskanzlerin Angela Merkel lobte bei ihrem Besuch in Freiberg… „die innovative Tradition der Freiberger Brennstoffforschung" und bezeichnete Freiberg als „die Solarhauptstadt Deutschlands".

ALLGEMEINES

Geografische Lage Freibergs.
Lage des Messpunktes auf der Höhe des Forstweges (volksmundlich „Tintenfässel"):
51,10 54' 11,5" nördl. Breite; 130 19' 30,4" östliche Länge;
Höhe: 463,588 m NN.
Höhenlage des Obermarktes: 400 m.

Zur Geologie
Freiberg gehört geologisch zur so genannten Freiberger Gneiskuppel, die im zentralen Teil aus ziemlich monotonen Biotitgneisen der Freiberger Folge besteht. Nach außen schließen sich Zweiglimmergneise der Brander Folge an, in deren unterem Teil der Quarzit von Oberschöna, im oberen Teil der Glimmerschiefer von Brand eingelagert ist. An der NW-Flanke der Freiberger Kuppel ist im Bereich Halsbrücke–Großschirma der so genannte Felsithorizont mit einer Schwermetallvererzung ausgebildet, der einen lagerförmigen Lagerstättentyp repräsentiert. Wesentlich bekannter als Erzlagerstätte sind jedoch die zahlreichen Erzgänge des Freiberg-Brander Revieres mit den dominierenden Erzmineralien Bleiglanz und Zinkblende sowie verschiedenen Silbererzen. Zahlreiche Erzgänge wurden seit dem 12. Jahrhundert bis Mitte des vorigen Jahrhunderts bis in Tiefen von 800 Metern abgebaut.
Freiberg gehört zum Osterzgebirge und liegt geologisch am Rande des Erzgebirges, das hinter Großvoigtsberg mit dem Übergang des Frankenberger Zwischengebirges zum Nossen-Wilsdruffer Schiefergebirge endet.
In Augustusberg – zwischen Siebenlehn und Nossen – müsste auch ein Stein aus Lausitzer Granit mit der Inschrift „Südgrenze des Skandinavischen Inlandeises im Quartär" stehen (13 wurden 1975 in Sachsen und Thüringen errichtet).

Freiberg liegt nahe am geografischen Mittelpunkt Sachsens (500 55' 46,1" n.Br. und 130 27' 30"ö.L.). Er wird im Tharandter Wald zwischen Naundorf und Colmnitz vor dem Porphyrfelsen im Colmnitztal mit einer Steinsäule markiert. Benachbart zur Säule liegt die „Diebeskammer", das Versteck des legendären Räubers Lips Tullian (1673-1715).

Am 30. 6. 2008 betrug die Einwohnerzahl Freibergs 40.911.

Freiberger Weihnachtsmarkt auf dem Obermarkt

DIE GESCHICHTE FREIBERGS IN STICHWORTEN

1156	Regierungsantritt von Markgraf Otto von Wettin.
1156/62	Anlage von Dörfern zwischen der Freiberger Mulde und der Großen Striegis.
1162	Stiftung des Zisterzienserklosters Cella Sanctae Mariae. Kaiser Friedrich I. Barbarossa bestätigt die Ausstattung mit 800 Hufen Land zwischen Großer Striegis und Freiberger Mulde an das Kloster
1168/69	Silbererzfunde auf Christiansdorfer Flur. Kaiser Friedrich I. Barbarossa verleiht Otto das Bergregal. Rücktausch von 118 Hufen silbererzführenden Fluren.
1170/71	Gewährung von Bergbaufreiheit. Ansiedlung von Bergleuten aus dem Harz am „freien Berg". Errichtung der „Sächsstadt" und einer Siedlung der Bergleute am Donat.
1175	Errichtung einer Burg zum Schutz der Siedlung.
1175	Bau der Nikolaikirche im Viertel der Handwerker und Kaufleute.
1180/85	Bau der (romanisch) markgräflichen Marienkirche am Untermarkt, einer Basilika als Pfarrkirche des Burglehns am Untermarkt. 1225 Aufstellung der Triumphkreuzgruppe. 1230 Bau des Westportals der Basilika, der „Goldenen Pforte", „eines der frühesten und reichsten Figurengewändeportale" (nach Dehio) in Mitteleuropa.
Um 1185	Errichtung der Oberstadt mit der Kirche St. Petri.
1202	Erste Erwähnung des Ortsnamens.
1225	Kulturelle Blütezeit. Freiberg verfügt über fünf Pfarrkirchen (St. Jakobi, St. Marien, St. Nikolai, St. Petri und St. Donat), drei Klöster (der Dominikaner, Franziskaner und eines Frauenklosters) und zwei Hospitäler. Als Lesemeister wirkt im Dominikanerkloster ein Dietrich von Freiberg, der in seinem Orden zu hohem Ansehen gelangt. Heinrich von Freiberg führt das Epos „Tristan und Isolde" zu Ende.

1233	Erstmalige Nennung des Freiberger Bergrechts (ius Freibergense).
1244	Erstmalige Erwähnung der Münze in der Burg zu Freiberg.
1260	Die Nennung eines Scholaren lässt Existenz einer Schule vermuten.
1263	Markgraf Heinrich der Erleuchtete verleiht der Stadt die Abhaltung eines Jahrmarktes.
1266	Verfügung des Markgrafen in einem Streit mit Dippoldiswalde, „dass auf den Gruben und in Schmelzhütten nur Freibergisch Bier gehandelt werden darf".
1296/1305	Niederschrift des Freiberger Stadtrechtes.
1297/1307	Mit der Eroberung durch König Adolf von Nassau gerät Freiberg vorübergehend in königlichen Besitz.
1350	Nachlassen der Bergbauerträge (Pest, Erschöpfung der Oxidationszonen, Mangel an Holz).
1375	Großer Stadtbrand, ebenso 1386, 1471 und 1484.
1455	Hinrichtung des Ritters Kunz von Kauffungen auf dem Obermarkt.
1480	Papst Sixtus IV. erhebt die Marienkirche in den Rang eines Kollegiatstiftes, Beginn der Ausstattung des Doms mit prächtiger Inneneinrichtung (Tulpenkanzel, frühes evangelisches Abendmahlsmotiv im Altarbild, Fürstengruft für albertinische Wettiner und Begräbniskapelle, Moritzmonument).
1500	Aufschwung im Bergbau; Verwendung von Kehrrädern, Ehrenfriedersdorfer Kunstgezeug, Becherwerke, Pochwerke, neue Ofenformen im Hüttenwesen, Errichtung von Kunstgräben zur Wasserführung, erfolgreiches Wirken von Martin Planer, Simon Bogner u. a.; Rülein von Calw veröffentlicht das erste Bergbaubüchlein in deutscher Sprache.
1505/39	Freiberg ist Residenz unter Herzog Heinrich dem Frommen. Begräbnis in Freiberg; Grablege seiner Nachfahren im Dom bis 1694.
1514/15	Gründung der ersten städtischen Lateinschule.
1537	Einführung der Reformation.

1542	Mit Reformen richtet Herzog Moritz eine oberste Bergbehörde ein, die zur Gründung des Oberbergamtes führt. Durchsetzung des Direktionsprinzipes.
1556	Verlegung der Münze nach Dresden.
1566/76	Unter Kurfürst August Erneuerung des Schlosses Freudenstein (Baumeister H. Irmisch).
1632	Kaiserliche Truppen erstürmen nach viertägiger Belagerung die Stadt.
1639 und 1642/43	Musketiere, Bergleute und Defensioner verteidigen Freiberg erfolgreich gegen die Belagerung durch schwedische Armeen unter den Heerführern Baner und Torstenson.
1653	Konrektor und Stadtarzt Möller veröffentlicht „Theatrum Freibergense Chronikum".
1693	Gründung der Manufaktur für Leonische Waren durch Thomas Weber (Die Firma existiert noch heute unter Thiele und Steiner).
1702	Gründung einer Stipendienkasse beim Oberbergamt.
1706	Freiberger Berg- und Hüttenleute tragen unter Anleitung von E. W. von Tschirnhaus und Bergrat Pabst von Ohain mit J. Fr. Böttger zur Erfindung des sächsischen Porzellans bei.
1710	Gründung der Generalschmelzadministration.
1711/53	Der Orgelbauer Gottfried Silbermann richtet in der alten Regimentswache am Schlossplatz eine Orgelwerkstatt ein.
1733	Einrichtung eines Laboratoriums für praktische Chemie, Metallurgie und Bergbau durch J. F. Henckel.
1765	Gründung der Bergakademie und 1777 der Bergschule.
1784/1805	Umbau des Schlosses zu einem Militärmagazin.
1788/89	Kunstmeister Mende errichtet mit einem Schifffahrtskanal neben der Freiberger Mulde auch das erste Kahnhebewerk der Welt
1790	Eröffnung des Stadttheaters am Buttermarkt

1811	Professor Lampadius zündet die erste Gaslaterne auf dem europäischen Kontinent. 1816 erhellt er mit Leuchtgas das Amalgamierwerk in Halsbrücke.
1816	Abriss des Kreuztores, 1839 des Peterstores, 1846 des Erbischen Tores, 1877 des Meißner Tores.
1823	Gründung der Sparkasse Freiberg
1842	Erstmalige Einführung einer von Pferden gezogenen Huntebahn auf Schienen.
1844	Aufstellung der ersten Dampfmaschine im Freiberger Revier.
1844/77	Bau des Rothschönberger Stollns.
1847	Inbetriebnahme des Gaswerkes und der städtischen Gasbeleuchtung.
1849	Revolution in Dresden. Richard Wagner auf der Flucht. Rast bei Amtmann Heubner. Freiberg ist für einen Tag Sitz der Provisorischen Regierung.
1862	Eröffnung der Eisenbahnlinie nach Dresden, 1869 nach Chemnitz, 1873 nach Nossen.
1863	Die Professoren Reich und Richter entdecken das Element Indium. Errichtung einer Station der europäischen Gradmessung am Forstweg, auf der Höhe des Galgenberges.
1873	Wertverfall des Silbers durch Einführung der Goldwährung.
1886	Clemens Winkler entdeckt das Element Germanium.
1889	Gründung der deutschen Gerberschule. In Halsbrücke entsteht mit 140 m Höhe der höchste Ziegelbau Europas.
1913	Vorläufige Schließung der Silbererzgruben.
1914/15	Inbetriebnahme eines Kavernenkraftwerkes im Dreibrüderschacht, später in Verbindung mit dem Constantinschacht.
1923	Am 27. Oktober geht eine Einheit der Reichswehr gegen Demonstranten vor. 29 Bürger finden den Tod.

1936	Wiederaufnahme der Arbeit in den Gruben zur Stärkung der Rüstungsindustrie.
1944	Ein Luftangriff auf die Bahnhofsvorstadt fordert 172 Tote.
1945	Am 7. Mai übergibt Oberbürgermeister W. Hartenstein die Stadt kampflos der Roten Armee und verhindert damit die Zerstörung der Stadt.
1946	Wiedereröffnung des Lehrbetriebes an der Bergakademie.
1952	Beginn des Baues neuer Institute der Bergakademie.
1956	Baubeginn neuer Wohngebiete am Wasserberg und am Seilerberg, ab 1984 auch in Friedeburg.
1960	Beginn der Halbleiterproduktion in Freiberg
1961	Bildung des VEB Bergbau- und Hüttenkombinates „Albert Funk".
1965	Elektrifizierung des Eisenbahnverkehrs nach Chemnitz, später auch nach Dresden.
1969	Einstellung des Erzbergbaus in den Revieren Freiberg und Brand-Erbisdorf.
1985	Weihe des Tempels der Kirche Jesu Christi der Heiligen der Letzten Tage.
1986	800-Jahr-Feier der Stadt. Gründung und erster Auftritt der „Historischen Freiberger Berg- und Hüttenparade".
1991	Wiedereröffnung des Stadttheaters nach fünfjähriger Rekonstruktion.
1991/92	Rekonstruktion und Neubau von Wohn- und Geschäftshäusern und Hotels. Neubau von Kaufhallen.
1992	Die Bergakademie erhält den Status einer Technischen Universität. Feier des „Tages der Sachsen" in Freiberg.
1998	Antrag der TU Bergakademie Freiberg zur Aufnahme der Kulturlandschaft Montanregion Erzgebirge in die Weltkulturerbe-Liste der UNESCO

2002	Eröffnung der rekonstruierten Nikolaikirche als Konzerthalle und des neuerbauten Johannisbades.
2008	Am 20. Oktober Eröffnung des Schlosses Freudenstein mit gastronomischen Einrichtungen, terra mineralia und Staatsarchiv Sachsen – Bergarchiv Freiberg.
2009	Im September „14. Weltkongress des Internationalen Komitees zur Bewahrung des Industriellen Erbes" an der TU Bergakademie Freiberg, 380 Personen aus 38 Ländern der Welt nehmen teil.

In jedem Jahr findet die internationale Mineralienbörse statt.

SACHWORTVERZEICHNIS

A.-G.-Werner-Bau	54
Akademiestraße 6	51
Albert, König von Sachsen	67
Albert Park	23, 26
Agricola, G.	74
Alte Elisabeth	82, 84
Alte Mensa	22
Alnpeckhaus	15
Anacker, A.F.	69, 92
A.-v.-Humboldt-Haus	23, 37
Anna Selbdritt	36
Annenkapelle	62
Apotheken	18
August der Starke	27, 92
August, Kurfürst	41, 51
Bauerhase	20
Bergmannsdenkmal	36
Bergmannsgruß	7, 92
Bergmannskanzel (im Dom)	59
Bergparaden	91
Bergregal	10
Bergmannstraditionen	6, 91
Bilkenroth, G.	53
Bismarck-Denkmal	34
Blobel, Günther	68
Buch, L.v.	52, 81
Brendelhaus	39
Brennhausgasse 5, 14	53, 54
Brunnendenkmale	10
Burglehn	41
Burgstraße 1, 3, 5, 9, 19, 21, 22, 39, 40, 44, 46	
Buttermarkt	71
Campus der TU	48
Carlowitz, H. C. von	16
Carlowitzhaus	16
Charpentier, F. W.	37
Christiansdorf	9
Cottahaus	27
Choren Industrie GmbH, Lindenhaus	94

Demantius, Christoph	65
Denkmal für Otto von Bismarck	34
Denkmal für die Neunundvierziger	45
Denkmal für Markgraf Otto von Wettin	10
Denkmal für Freiesleben / Humboldt	81
Deutsche Solar AG	93
Dietrich von Freiberg	44
Distanzsäulen	27
Döring, M. W.	69, 92
Dom, Grundriss	56
Dom St. Marien	55, 56, 57, 58
Donatsfriedhof	77
Donatsturm	77, 78
Dreibrüderschacht	86
Drei Kreuze	81
Dreißigjähriger Krieg	25
Dunkelhof	65
Eckhaus Obermarkt/Korngasse	15
Eger, Arthur	62
Ehem. Dominikanerkloster	44
Ehem. Franziskanerkloster	68
Ehem. Frauenkloster	75
Ehem. Freimaurerloge	29
Ehem. Waisenhaus	28
Ehrenbürger	68, 70, 94
Element Germanium	45, 53
Element Indium	29
Engler, J. G.	72
Erbische Straße 3, 14	34, 35
Erbisches Tor	34
Erzkreuze	12
Fischerstraße	6, 21, 41, 30, 31
Forschungsinstitut für Leder- und Kunstledertechnologie (gGmbH)	78
Fortunabrunnen	23
Freiberger Bauerhase	20
Freiberger Brauhof	29
Freiberger Compound Materials GmbH	93
Freiberger Eierschecke	20, 21

Freibergsdorfer Hammer	87
Freiesleben, C. F.	64
Freieslebenhaus	64
Freiherr v. Hardenberg	37
Freimaurerloge	29
Friedrich der Große	31
Gasanstalt	34
Gasbeleuchtung	34
Gasthaus „Goldener Löwe"	35
Gellert, C. E.	28
Geowissenschaftl. Sammlung der TU BA	54
Gerbergasse	70
Gerberhandwerk	70
Gerberhäuser	70
Geschwister-Scholl-Gymnasium	67, 75
Glocken des Domes	62
Göbel, Bernd	23
Goethe, J. W. von	66
Goldene Pforte (im Dom)	57
Grabentour	89
Grube Churprinz	89
Gruß Glückauf	7, 91
Häuerglöckchen	20
Hartenstein, W.	12, 27
Haus des Preußenkönigs	31
Heinrich der Fromme, Herzog	41
Helmert, F. R.	47
Helmerthaus	47
Henckel, J. F.	17, 30, 31
Henckelhaus	30
Herder, S. A. W. von	69
Herderhaus	69
Herders Ruhe	88
Heubner, O. L.	45, 69
Heuchler, E.	65
Heynitz, F. A. von	52
Hilligerhaus	23
Himmelfahrt-Fundgrube	82
Historische Bergparade	91
Historisches Kabinett und Karzer	51
Hornstraße	34
Humboldt, A. von	22, 37, 81

Humboldthaus	37
Institute in der Bergakademie	48
Irmisch, Hans	41
Jacobikirche	75
Kahnhebewerk	89
Kaufhaus	21
Kaufhaus Schocken	21, 22
Kauffungen, Kunz von	13
Kavernenkraftwerk	86
Kirche Jesu Christi der Heiligen der Letzten Tage	79
Klatschweiberbrunnen	15
Kloster Altzella	10
Knappschaft	82
Körner, Th.	64
Körnerhaus	64
Kohl, Gottfried	15, 45, 55, 70
Kornhaus	33
Krankenhaus	78
Kreuzgasse 7	65
Kreuzbrunnen	46
Kreuztor	46
Kuhschacht	81
Krüger, Erich	50
Krüger, Peter	50
Krüger Stiftung	44, 50
Kurfürstliche Stipendienkasse	30
Kuttelhof	71
Lampadius, A. W.	32
Lampadiushaus	32
Ledebur, A.	53
Lindenhaus	27
Lißkirchnerhaus	18
Lomonossow, M. W.	30, 31
Lorentz, A.	17
Lorenzkapelle	12
Lutherbrunnen	63
Maidburg, Franz	18
Martin-Planer-Haus	76
Meißner Gasse	71

Meißner Tor	71
Meyer, Berndt	52, 92
Mineraliensammlung terra mineralia	41, 42
Möller, Andreas	16
Möller-Henckel-Haus	16
Mohnhaupthaus	24
Mohs, C. F.	54
Moritz, Kurfürst	41, 59
Moritz-Monument im Dom	59
Napoleon Bonaparte	15
Napoleonhaus	15
Naturkundemuseum	28
Neuber, Caroline	17
Nikolaikirche	71, 72
Nonnengasse 17	47
Nosseni, G. M.	60
Novalis	37
Novalishaus	37
Oberbergamt	65, 66
Obermarkt	9
Obermarkt 1	14
Obermarkt 4	15
Obermarkt 6	15
Obermarkt 7	16
Obermarkt 8	16
Obermarkt 10, Kirchgässchen 3	16
Obermarkt 12	16
Obermarkt 16	17
Obermarkt 17	18, 39
Obermarkt 19	18
Obermarkt 23	18, 39
Oppel, F. W. von	51
Otto der Reiche, Markgraf	10
Pabst von Ohain, G.	79
Peter I., Zar von Russland	41
Peter-Schmohl-Schanze	25, 26
Petersstraße	20
Petersstraße 3	21
Petersstraße 5	22
Petersstraße 46	24
Peterstor	25
Petrikirche	19, 20
Platz der Oktoberopfer	33
Pohl, Erika	42
Porzellan-Glockenspiel	91
Postamt	34
Posthalterei	24
Postkreuzung	34
Postmeilensäule	27
Postwesen	77
Pietzsch, K.	44
Planer, M.	76
Prinzenraub	13
Prüferstraße	44
Rathaus	11, 12
Ratsapotheke	18
Ratsarchiv	12
Ratskeller	17
Rammler, Erich	52
Redlich, C.	12
Reformationssprüche	76
Reich, F.	29
Reichhaus	29
Reiche Zeche	82, 83
Renaissanceerker-Haus	36
Richter, Theodor	29
Rochlitzer, J. C. G.	28
Rote Grube	81
Rothschönberger Stolln	81, 84, 89
Rülein, Ulrich von Calw	11
Sächsisches Staatsarchiv – Bergarchiv Freiberg	41, 42
Samuel-Klemm-Haus	35
Schloss Freudenstein	41
Schlossplatz	41
Schmidt, Otto Eduard	67
Schocken, Salmann und Simon	21
Schmohl, Peter	25
Schönbergischer Hof	66
Schönlebe, Jonas	14
Schönlebehaus	14
Schumann, Robert	17
Schwanenschlösschen	45

Schwedendenkm., Denkm. der Bürgertreue	25
Siebenjähriger Krieg	31
Silberfund	74
Silbermann, Gottfried	43
Silbermannhaus	43
Silbermannorgeln	43, 60, 61
Siltronic AG	93
Speck, Paul	18
Stadtbrand 1484	46
Stadt- und Bergbaumuseum	38, 63
Stadttheater	72, 73
St. Annenhaus	36
Stadtmauer	68
Stadttore	25, 43, 71, 77, 78
Stadtwappen	11
Stather, F.	78
Stecher, M.	70
Stolpersteine	21, 22
Technische Universität – Bergakademie	49, 50, 51, 53
Thiele und Steinert	39
Thieles Silberdraht Manufaktur	39
Trebra, F. W. von	66
Triumphkreuzgruppe (im Dom)	57
Tulpenkanzel (im Dom)	58, 59

Untermarkt	55
Waisenhausstraße 2	28
Waisenhausstraße 20	29
Wagner, R.	69
Wallstraße	46
Wasserturmstraße 34	74
Weber, C. M. von	73
Weberhaus	35
Weingasse 2	37
Weisbach, J. K.	51
Werner, A. G.	45, 51
Wieck, Clara	17
Winkler, C.	45, 53, 67
Winkler-Gedenkstätte	53
Wohnungsneubauten	79
Xaver, Prinzregent	51
Zar Peter I.	41
Zeuner, G. A.	52
Zerroen, A. v.	60
Zürner, A. F.	27
Zylindergebläse	90

WEITERFÜHRENDE LITERATUR

Asbeck, Frank (Hrsg.): 15 Jahre Solarstandort Freiberg. Eine Chronik. Freiberg 2009.

Ebert, S., Galinsky, G.: Als die Schornsteine noch rauchten. Leipzig 2001.

Ebert, S., Galinsky, G.: Silbermanns Erben. Leipzig 2003.

Galinsky, G.; E. Saage: Freiberg „Schon vergessen?" Fotos zur Zeitgeschichte 1967-2009. Leipziger Verlagsgesellschaft, Leipzig. 2009.

Gress, F.H.: Die Orgeln Gottfried Silbermanns. Dresden 2000.

Hoffmann,Y.; Richter, U. (Herausgeber): Denkmale in Sachsen. Stadt Freiberg.
Denkmaltopographie Bundesrepublik Deutschland.
Band I, Freiberg 2003. Werbung & Verlag, Freiberg 2002.
Band II, Freiberg 2003. Werbung & Verlag, Freiberg 2003.
Band III, Freiberg 2004. Werbung & Verlag, Freiberg 2004.

Hübner, M.: Dom St. Marien Freiberg/Sachsen. Hinstorff 1999.

Jobst, W., Lauterbach, W., D. Reuß: Woher unsere Straßen ihren Namen haben.
In: Mitteilungen des Freiberger Altertumsvereins. (ab Heft 73 1993).

Kasper, H. H., Wächtler, E. (Hg.): Geschichte der Bergstadt Freiberg. H. Böhlaus Nachfolger Weimar 1986.

Lauterbach, W.: Berühmte Freiberg, Teil 1 bis 5. In Mitteilungen des Freiberger Altertumsvereins, Heft 84 (2000), 85 (2000), 90 (2002), 92 (2003) und 101 (2009).
Lauterbach, W., R. Wirth: Erlebnisreiche Jahre. Erfurt 2002.

Lauterbach, W.: Freiberg–Gedenktafeln bewahren Erinnerungen. Erfurt 2007.

Magirius, H.: Der Dom zu Freiberg. Koehler und Amelang Leipzig. 1985.

Müller, W.: Auf den Spuren von Gottfried Silbermann. EVA Leipzig 1993.

Pforr,H.: Freiberger Silber und Sachsens Glanz. Leipzig 2001.

Rektor der TU BA (Hg.): Bergakademie Freiberg. Festschrift zu ihrer 200-Jahr-Feier. Leipzig 1965, 2 Bände.

Rektor der TU BA (Hg.): Bergakademie Freiberg. Festgabe zum 300. Jahrestag der Gründung der Stipendienkasse für die akademische Ausbildung im Berg- und Hüttenfach zu Freiberg in Sachsen. Freiberg 2002.

Richter, U.: Denkmale in Freiberg. Flyer. Hg. Stadt Freiberg.

Wagenbreth, O., E. Wächtler (Hg.): Der Freiberger Bergbau. Technische Denkmale und Geschichte. Leipzig 1986.

Wagenbreth, O.: Freiberger Geschichte widergespiegelt in historischen Grabmälern. Weimar 1986. Deutscher Verlag für Grundstoffindustrie. Leipzig.

Die Sagen werden nach J. G. Th. Grüße zitiert:
„Der Sagenschatz des Königreiches Sachsen"
Dresden 1854

Bildnachweis:
Henning Holschumacher; Seiten 19, 20, 34, 72 und 91 unten
Eckardt Mildner; Seiten 4, 50 und 96
Detlev Müller; Seiten 48, 52 und 93
Rolf Rudolph; Seite 73
Bernd Standke; Zeichnung nach Magirius ergänzt, Seite 56

Alle anderen Fotos von Gunther Galinsky

*Ein herzliches Dankeschön für freundliche Beratung
und kurzfristige Unterstützung gilt
Jenny Göhlert (IHK Freiberg), Astrid Engelhardt, Karin Rank,
Monika Kutzsche, Heinrich Douffet, Gunther Galinsky, Hans-Georg Hoffmann,
Yves Hoffmann, Günther Hösel, Henning Holschumacher, Manfred Lawrenz
Torsten Mayer, Klaus Mirsch, Karl Lietzmann, Herbert Pforr,
Uwe Richter, Ullrich Thiel
und den Freiberger Fotofreunden.*

*Herzlichen Dank dem Stadt-Bild-Verlag Leipzig
für die kurzfristige Betreuung zum Druck des Stadtführers.*

Blick vom 72 m hohen Petriturm nach Norden zum Schloss Freudenstein und zum Campus der

TU Bergakademie Freiberg (Der Turm ist für Besucher geöffnet)

Universitätsstadt **Freiberg** / Sachsen
vom Silber zum Silizium
Stadtmarketing Freiberg GmbH

Freiberg – Die Silberstadt Sachsens

Unsere Highlights:

- Bergstadtfest mit Aufzug der Berg- und Hüttenparade – immer letztes Juniwochenende
- Orgelkonzerte im Dom St. Marien – Abendmusiken (Mai–Oktober)
- Gottfried-Silbermann-Tage (September im 2-Jahresrhythmus)
- Weihnachtsmarkt (1. Advent–22. Dezember)

Ihr freundlicher Partner:

Informationen – Beratung – Tickets
Tourist-Information Freiberg
eine Einrichtung der Stadtmarketing Freiberg GmbH
Burgstraße 1 (direkt hinter dem Rathaus)
09599 Freiberg
Telefon 03731-4195 190, Fax 03731-4195 199

Tipp: Lernen Sie die Silberstadt mit unserem Audio-Guide kennen!

Stadtmarketing Freiberg GmbH
Schlossplatz 6 (Silbermannhaus)
09599 Freiberg
Tel. (0049) 3731-4195161
Fax (0049) 3731-4195165
tourist-info@freiberg-service.de
www.freiberg-service.de

© *Katharina Wegelt*